21世纪会计系列规划教材 **应用型**

成本会计实训

（第三版）

范颖茜 董茹 编著

Chengben Kuaiji
Shixun

东北财经大学出版社 | 大连
Dongbei University of Finance & Economics Press

图书在版编目（CIP）数据

成本会计实训 / 范颖茜，董茹编著. —3版. —大连：东北财经大学出版社，2023.1（2024.6重印）

（21世纪会计系列规划教材·应用型）

ISBN 978-7-5654-4756-3

Ⅰ.成… Ⅱ.①范… ②董… Ⅲ.成本会计-高等学校-教材 Ⅳ.F234.2

中国版本图书馆CIP数据核字（2022）第254328号

东北财经大学出版社出版

（大连市黑石礁尖山街217号 邮政编码 116025）

网 址：http://www.dufep.cn

读者信箱：dufep@dufe.edu.cn

大连永盛印业有限公司印刷 东北财经大学出版社发行

幅面尺寸：205mm×285mm 字数：256千字 印张：16.25

2023年1月第3版 2024年6月第2次印刷

责任编辑：高 铭 周 慧 责任校对：慧 心

封面设计：冀贵收 版式设计：原 皓

定价：42.00元

教学支持 售后服务 联系电话：（0411）84710309

如有印装质量问题，请联系营销部：（0411）84710711

第三版前言

成本会计是会计学专业的必修课，也是企业会计工作的具体内容。要做好成本会计工作不仅要掌握成本核算的基本理论和方法，还需要具备成本核算和分析的技能。为此我们以丹东华星纺织品有限公司的会计业务为蓝本，撰写了《成本会计实训》一书。本书将理论与实践相结合，具有很强的技术性、实用性及可操作性。

本书包括单项实训、综合实训两部分内容。单项实训模拟了丹东华星纺织品有限公司的材料和产品的名称、种类、生产工艺流程、原始凭证、费用分配等一系列与成本核算相关的内容。读者可以根据所给资料进行各种费用和成本的计算与分配；综合实训模拟实训单位成本核算的财务环境，按照设置成本费用账簿—编制分配表—填制记账凭证—登记账簿—计算完工产品与月末在产品成本的步骤设计工作任务，严谨逼真，环环相扣。

本次再版，主要修订了以下几方面内容：

1.将实训内容与数字技术相融合，增加了二维码。读者通过扫描书中的二维码，可以获得参考答案和解析，既便于读者学习和检验实训成果，又保留了独立思考的空间。

2.结合党的二十大精神，按照教育部2020年6月1日发布的《高等学校课程思政建设指导纲要》等文件对教材建设提出的新要求，将知识点与课程思政内容相结合，每个单项实训都增加了“思政案例”栏目，其目的是引导读者关注会计职业道德的内容，在提升专业技能的同时，提高自身的思想道德素质修养。

3.根据最新的企业会计准则核算方法修订了部分答案，并结合最新的增值税发票版式，及表单合理性表述更新部分原始凭证，使其具有更强的仿真性。

本书配有参考答案，教师会员可登录东北财经大学出版社网址（http：//www.dufep.cn）下载。

本书由辽东学院范颖茜、董茹共同编著，在此谨向给予本书大力支持的丹东华星纺织品有限公司和东北财经大学出版社致以衷心的感谢！同时，也向选用本书和对本书提出宝贵意见的读者致以衷心的感谢！

作　者

2022年11月

目录

第一部分

单项实训

实训项目一　材料费用的计算与分配

实训任务一　按实际成本法核算的材料费用分配

【实训目的】

通过实训使学生熟悉按实际成本法核算的材料费用分配程序，掌握材料费用计入产品成本的方法，熟练操作按实际成本法核算的材料费用分配及其账务处理流程。

【实训资料】

一、企业概况

丹东华星纺织品有限公司是一家连续式多步骤生产的小型企业，常年生产罗纹布和氨纶汗布两种产品，该厂设有织布、染色、定型三个基本生产车间和锅炉、供水两个辅助生产车间。锅炉车间为染色、定型车间及其他部门提供热力服务，供水车间为全厂各部门供水。

该企业生产工艺流程为：织布车间生产氨纶汗布和罗纹布两种坯布，经检验合格后入自制半成品库；染色车间从自制半成品库领用上述两种坯布进行染色，然后直接交定型车间定型，经检验合格后对产品进行包装，入产成品库。

二、核算制度

（一）资产核算

1.材料、自制半成品、产成品等存货均按实际成本计价核算，各项材料发出时采用月末一次加权平均法计算其出库成本，自制半成品采用先进先出法计算其出库成本。

2.固定资产采用平均年限法计算折旧额。

（二）成本核算

1.该厂实行厂部一级核算，产品成本项目分为：直接材料、直接人工、制造费用。为简化核算手续，产品成本不设“燃料与动力”成本项目，各产品生产耗用的电费、蒸汽费和水费计入该产品的“直接材料”成本项目；各基本生产车间一般耗用的电费、蒸汽费和水费记入该车间“制造费用”账户，各辅助生产车间耗用的电费、蒸汽费和水费记入该车间“辅助生产成本”账户。

2.织布车间、染色车间、定型车间均以罗纹布和氨纶汗布两种产品为成本计算对象，按三个车间的生产步骤分别设置成本计算单和基本生产成本明细账。织布车间生产出上述两种坯布后，经由自制半成品库收发时应设置“自制半成品成本明细账”核算成本。产品成本在各车间的结转均采用逐步综合结转分步法。

3.辅助生产车间的费用分配采用一次交互分配法。为简化核算工作，辅助生产车间不设“制造费用”账户，其车间发生的制造费用直接记入“辅助生产成本”账户。

4.各项费用分配率均精确到0.0001，计算分配结果尾差由最后的费用项目负担。

三、其他资料

1.开户银行：中国工商银行丹东市振安支行；账号：216003010024068576；纳税人识别号：91210605679865612H；地址：丹东市振安区北祥路16号；电话：0415-83235668。

2.所有原始凭证中的二维码均省略。

3.所有经济业务均编制通用记账凭证。

4.有关部门业务负责人姓名及相关规定、方法均在实训资料中予以提供。

四、丹东华星纺织品有限公司202×年11月初库存结存相关情况

1.11月初库存原材料、周转材料结存情况见表1-1-1。

2.11月初库存自制半成品结存情况见表1-1-2。

五、丹东华星纺织品有限公司202×年11月份各车间生产情况及期初在产品成本情况

1.11月份各车间生产情况见表1-1-3。

2.11月份各车间期初在产品成本情况见表1-1-4。

六、材料日常收发核算程序

丹东华星纺织品有限公司的各用料单位填制一式四联“领料单”，据以从材料仓库领用材料，月末财会部门材料核算员进行金额汇总，编制“发料凭证汇总表”。

202×年11月份该公司发生以下购料和领料业务：

1.11月1日从嘉业有限公司购入32S/TR纱2 300千克，单价15.67元/千克，材料已验收入库，款项已由银行存款支付。(原始凭证见表1-1-5、表1-1-6、表1-1-7)

2.11月1日，染色车间领用半成品。(原始凭证见表1-1-8)

3.11月1日，织布车间领用材料。(原始凭证见表1-1-9)

4.11月1日，织布车间领用材料。(原始凭证见表1-1-10)

5.11月1日，织布车间领用材料。(原始凭证见表1-1-11)

6.11月1日，定型车间生产领用助剂400千克。(原始凭证见表1-1-12)

7.11月1日，染色车间领用染料。(原始凭证见表1-1-13)

8.11月1日，染色车间领用染料。(原始凭证见表1-1-14)

9.11月1日，染色车间领用助剂。(原始凭证见表1-1-15)

10.11月2日，锅炉车间领用煤。(原始凭证见表1-1-16)

11.11月2日，织布车间领用材料。(原始凭证见表1-1-17)

12.11月2日，从潍坊购入40S/TR纱5 800千克，单价16.58元/千克，材料已验收入库，款项尚未支付。(原始凭证见表1-1-18、表1-1-19)

13.11月5日，定型车间生产领用助剂200千克。(原始凭证见表1-1-20)

14.11月8日，厂部领用柴油1 000升。(原始凭证见表1-1-21)

15.11月9日，织布车间领用材料。(原始凭证见表1-1-22)

16.11月10日，染色车间领用机物料80千克。(原始凭证见表1-1-23)

17.11月12日，供水车间领用修理用备件。(原始凭证见表1-1-24)

18.11月14日，定型车间领用机物料。(原始凭证见表1-1-25)

19.11月16日，织布车间领用工作服10套。(原始凭证见表1-1-26)

20.11月17日，厂部领用工作服10套。(原始凭证见表1-1-27)

21.11月20日，供水车间领用修理用备件。(原始凭证见表1-1-28)

22.11月22日，锅炉车间领用修理用备件。(原始凭证见表1-1-29)

23.11月26日，供水车间领用机物料。(原始凭证见表1-1-30)

24.11月27日，锅炉车间领用工作服。(原始凭证见表1-1-31)

25.11月28日，定型车间领用包装物。(原始凭证见表1-1-32)

【实训要求】

1.开设相关的成本费用明细账。

(1) 基本生产成本明细账，其中包括织布车间——罗纹布、织布车间——氨纶汗布；染色车间——罗纹布、染色车间——氨纶汗布；定型车间——罗纹布、定型车间——氨纶汗布六个明细账。

(2) 辅助生产成本明细账，其中包括锅炉车间和供水车间两个明细账。

(3) 制造费用明细账，其中包括织布车间、染色车间和定型车间三个明细账。

(4) 自制半成品成本明细账，其中包括罗纹布和氨纶汗布两个明细账。

2.根据表1-1-2“自制半成品期初结存表”和表1-1-4“月初在产品成本表”，登记各自制半成品成本明细账和基本生产成本明细账期初余额。

3.采用月末一次加权平均法，计算11月末各种库存材料的平均单位成本（假设11月份只有1日和2日两笔材料购入业务），并据以填写以上各领料单的单价和金额栏。

4.根据各领料单汇总后的结果编制表1-1-33“发料凭证汇总表”。

5.编制表1-1-34“20D纱材料费用分配表”，分配织布车间的间接材料费用。织布车间两种产品共同耗用的20D纱的材料费用，按两种产品重量比例分配。

6.分配染色车间的间接材料费用，编制费用分配表。

(1) 编制表1-1-35“染料费用分配表”。染色车间的染料费用，按该车间本月所领用的两种坯布重量比例分配。

(2) 编制表1-1-36“助剂费用分配表”。染色车间的助剂（辅助材料）费用，按该车间两种坯布的定额费用比例分配。罗纹布所耗助剂的单位费用定额为0.075元/千克，氨纶汗布所耗助剂的单位费用定额为0.05元/千克。

7.分配定型车间的间接材料费用和包装物费用，编制费用分配表。

(1) 编制表1-1-37“助剂费用分配表”，定型车间的助剂费用分配要求采用定额耗用量法，每千克罗纹布所耗助剂的定额为0.017克，每千克氨纶汗布所耗助剂的定额为0.022克。

(2) 编制表1-1-38“包装物费用分配表”，定型车间的包装物费用要求按两种完工产品的重量进行分配。

8.根据以上计算结果编制表1-1-39“材料费用分配汇总表”，并编制相应的记账凭证。

9.根据表1-1-8“自制半成品出库单”编制记账凭证。

10.根据记账凭证登记上述开设的成本费用明细账。

【知识链接】

一、先进先出法和月末一次加权平均法

对于存货按实际成本计价核算的企业来说，由于每批存货的采购地价格、运输及生产耗费等条件不同，各批存货的入库成本也不相同，因此对发出存货的价值就需要选择适当的方法予以确定。存货发出的计价方法有个别计价法、先进先出法、月末一次加权平均法、移动加权平均法等。

(一) 先进先出法

先进先出法是以先入库的存货先发出为假设前提，并以存货流转的先后顺序对发出存货和期末存货进行计价的一种方法。采用这种方法是将先购入的存货成本在后购入的存货成本之前转出，据以确

定发出存货和期末存货的成本。

（二）月末一次加权平均法

月末一次加权平均法是指以期初结存存货数量和本期购入存货数量之和为权数，来确定本期发出存货的平均成本，据以计算本期发出存货和期末库存存货实际成本的一种计价方法。其计算公式如下：

$$加权平均单位成本=\frac{期初结存存货实际成本+本期购入存货实际成本}{期初结存存货数量+本期购入存货数量}$$

本期发出存货实际成本=本期发出存货数量×加权平均单位成本

期末库存存货实际成本=期末库存存货数量×加权平均单位成本

期末库存存货实际成本=期初结存存货实际成本+本期购入存货实际成本-本期发出存货实际成本

二、材料费用的归集和分配方法

对于直接用于产品生产、构成产品实体的原料和主要材料，通常分产品领用，专门设有“直接材料”成本项目，可根据领料凭证直接计入某种产品成本的“直接材料”成本项目。对于由几种产品共同耗用的原料，应采用适当的分配方法，分配计入各有关产品成本的“直接材料”成本项目。原料和主要材料费用一般按产品的重量比例、定额耗用量比例进行分配。

（一）重量比例分配法

重量比例分配法是以各种产品的重量为分配标准来分配材料费用的方法。如果几种产品共同耗用同种材料，且耗用量与产品重量有直接联系，可选用重量比例分配法。其计算公式如下：

材料费用分配率=各种产品共同耗用的材料费用总额÷各种产品的重量之和

某种产品应分配的材料费用=该种产品的重量×材料费用分配率

（二）定额耗用量比例分配法

定额耗用量比例分配法，是以各种产品的材料消耗总定额为标准，来分配材料费用的方法。对于由几种产品共同耗用的原料，如果难以确定适当的分配方法，或者作为分配标准的资料不易取得，而原料或主要材料的消耗定额又比较准确时，可以采用此方法分配材料费用。这里的材料消耗定额可以是材料的定额消耗量，也可以是材料的定额费用。所以该方法具体有以下两种：

1.按材料定额消耗量比例分配

计算公式如下：

某种产品材料定额消耗量=该种产品实际产量×单位产品材料消耗定额

材料消耗量分配率=各种产品材料实际消耗量之和÷各种产品材料定额消耗量之和

某种产品应分配的材料数量=该种产品的材料定额消耗量×材料消耗量分配率

某种产品应分配的材料费用=该种产品应分配的材料数量×材料单价

这里的单位产品材料消耗定额是单位产品可以消耗的材料数量限额。定额消耗量是指一定产量下按照单位消耗定额计算的材料消耗数量，这种计算程序是先按材料定额消耗量分配计算各种产品的材料实际消耗量，再乘以材料单价，计算各产品的实际材料费用。这样分配可以考核材料消耗定额的执行情况，有利于进行材料消耗的实物管理，但分配计算的工作量较大，为了简化分配计算工作，也可以按材料定额消耗量的比例直接分配材料费用。其计算公式如下：

某种产品材料定额消耗量=该种产品实际产量×单位产品材料消耗定额

材料费用分配率=各种产品共同耗用的材料费用总额÷各种产品材料定额消耗量之和

某种产品应分配的材料费用=该种产品材料定额消耗量×材料费用分配率

2.按材料定额费用比例分配

在各种产品共同耗用原材料的种类较多的情况下，为简化分配计算工作，可以按照各种材料的定额费用的比例分配材料实际费用。单位产品费用定额是单位产品消耗的材料数量限额的货币表现。产品的材料定额费用是材料定额消耗量的货币表现。

按材料定额费用比例分配材料实际费用的计算公式如下：

某种产品材料定额费用=该种产品实际产量×单位产品费用定额

=该种产品实际产量×单位产品该种材料消耗定额×该种材料计划单价

材料费用分配率=各种产品共同耗用的材料实际费用总额÷各种产品的材料定额费用之和

某种产品应分配的材料费用=该种产品材料定额费用×材料费用分配率

三、低值易耗品摊销的核算

低值易耗品是指不作为固定资产核算的各种工具、管理用具、玻璃器皿，以及在经营过程中周转使用的包装容器等各种用具物品。

低值易耗品在领用以后，其价值应该摊销计入成本、费用。用于生产的低值易耗品摊销应计入制造费用；用于组织和管理生产经营活动的低值易耗品摊销，则应计入管理费用。

低值易耗品的摊销方法有三种：一次摊销法、分次摊销法和五五摊销法。

（一）一次摊销法

一次摊销法适用于单价较低、使用期限较短、一次领用数量不多及容易破损的低值易耗品。采用这种方法领用低值易耗品时，将其全部价值一次计入当月成本、费用，借记“制造费用”“管理费用”等账户，贷记“周转材料——低值易耗品”账户。在低值易耗品报废时，应将报废的残料价值，冲减有关的成本、费用，借记“原材料”等账户，贷记“制造费用”或“管理费用”等账户。

（二）分次摊销法

分次摊销法适用于单位价值较高，使用期限较长的低值易耗品或者那些单位价值虽然不高，使用期限虽然不长，但一次领用的数量较多的低值易耗品。采用分次摊销法，各月成本、费用负担的低值易耗品摊销额合理，但核算工作量较大。

采用分次摊销法，低值易耗品的价值要按其使用期限的长短或价值的大小分月摊入成本、费用，应在“周转材料——低值易耗品”账户下设“在库”、“在用”和“摊销”三个明细账户。低值易耗品从仓库领出交使用部门时，借记低值易耗品的“在用”明细账户，贷记低值易耗品的“在库”明细账户；各月摊销其价值时，借记“制造费用”“管理费用”等账户，贷记低值易耗品的“摊销”明细账户；报废低值易耗品时，收回的材料价值冲减有关费用，借记“原材料”等账户，贷记“制造费用”“管理费用”等账户；同时将“周转材料——低值易耗品”的“摊销”明细账户的贷方余额与“在用”明细账户的借方余额进行相互抵消，借记低值易耗品的“摊销”明细账户，贷记低值易耗品的“在用”明细账户。

（三）五五摊销法

五五摊销法适用于各月领用和报废低值易耗品的数量比较均衡，各月摊销额相差不多的低值易耗品。五五摊销法又称“五成法”，是指在领用低值易耗品时摊销其价值的一半，报废时再摊销其价值的另一半。该种方法下低值易耗品明细账户的设置与分次摊销法相同。低值易耗品从仓库领出交使用部门时，借记低值易耗品的“在用”明细账户，贷记低值易耗品的“在库”明细账户；同时，按其价值的50%计算摊销额，借记“制造费用”“管理费用”等账户，贷记低值易耗品的“摊销”明细账户；低值易耗品报废时，按入库的残料价值借记“原材料”账户，按报废低值易耗品原有价值的50%减残值后的差额，借记“制造费用”“管理费用”等账户，按低值易耗品原有价值的50%，贷记低值易耗品的“摊销”明细账户，同时注销报废低值易耗品的价值及累计摊销额，借记低值易耗品的“摊销”明细账户，贷记低值易耗品的“在用”明细账户。

表 1-1-1

原材料、周转材料期初结存表

202×年 11 月 1 日

金额单位：元

材料类别、名称			计量单位	数量	单价	金额
原材料	原料及主要材料	32S/TR 纱	千克	15 400	14.9	229 460
		40S/TR 纱	千克	18 800	17.13	322 044
		20D 纱	千克	7 200	50	360 000
		ETC 黑色	千克	830	40	33 200
		HGL 蓝色	千克	710	45	31 950
	辅助材料	净洗剂	千克	300	4.5	1 350
		均染剂	千克	440	3.7	1 628
		柔软剂	千克	810	27	21 870
	修理备件	压力控制器	个	2	550	1 100
		水位控制器	个	4	780	3 120
		控制箱附件	套	10	200	2 000
	燃料	柴油	升	1 680	4.5	7 560
		煤	吨	13	240	3 120
	小计		—	—	—	1 018 402
周转材料	低值易耗品	工作服	套	80	280	22 400
		机物料	千克	550	20	11 000
	包装物	塑料袋	个	1 200	1	1 200
	小计		—	—	—	34 600
合计			—	—	—	1 053 002

表 1-1-2

自制半成品期初结存表

202×年 11 月 1 日　　金额单位：元

名称	计量单位	数量	单位成本	总成本
罗纹布	千克	20 000	30	600 000
氨纶汗布	千克	30 000	40	1 200 000
合计	—	—	—	1 800 000

表 1-1-3

产品生产情况表

202×年 11 月　　单位：千克

项目	织布车间		染色车间		定型车间	
	罗纹布	氨纶汗布	罗纹布	氨纶汗布	罗纹布	氨纶汗布
月初在产品数量	2 000	2 000	1 000	2 000	3 000	2 000
本月投产、领用或上车间转入数量	8 000	12 000	10 000	15 000	9 000	14 000
本月完工入库或转入下车间数量	8 000	10 000	9 000	14 000	10 000	12 000
期末在产品数量	2 000	4 000	2 000	3 000	2 000	4 000
在产品完工程度	50%	50%	50%	50%	50%	50%

表 1-1-4

月初在产品成本表

202×年 11 月 1 日　　单位：元

项目		半成品	直接材料	直接人工	制造费用	合 计
织布车间	罗纹布	—	69 208	2 034.25	17 512.71	88 754.96
	氨纶汗布	—	235 100	15 809.50	27 263.55	278 173.05
染色车间	罗纹布	19 000	1 662.50	1 326.49	165.29	22 154.28
	氨纶汗布	63 000	1 648.50	1 163.49	436.11	66 248.10
定型车间	罗纹布	93 300	8 339.40	5 160.80	3 474.11	110 274.51
	氨纶汗布	86 800	3 725.60	2 126.87	543.29	93 195.76

表 1-1-5

山东省增值税专用发票

发票联

3700144215

NO 001342108

开票日期：202×年 11 月 01 日

购买方	名　　称：丹东华星纺织品有限公司 纳税人识别号：91210605679865612H 地 址、电 话：丹东市振安区北祥路 16 号 0415-83235668 开户行及账号：工行丹东市振安支行 216003010024068576	密码区	>1 +><09* - 38-3 + 4 + 71* >23511>- 52255200+*/11*1+6-766322>>+5-87/97* 56+6654+//5>32--47*+7*45->6657*2+3- 7/0875-45*23/5>43><2265--0563/254* 958+20/78><3412<56+79-645>43><227/

货物或应税劳务名称	规格型号	单位	数量	单价	金额	税率	税额
纱	TR32 支	千克	2 300	15.67	36 041.00	13%	4 685.33
价税合计（大写）	⊗肆万零柒佰贰拾陆元叁角叁分				（小写）￥40 726.33		

销售方	名　　称：嘉业有限公司 纳税人识别号：91370767215894238X 地 址、电 话：首山市洛益街 53 号 0545-79856637 开户行及账号：工行首山市金盛支行 805300695547213406	备注	嘉业有限公司 91370767215894238X 发票专用章

收款人：张霞　　　复核：赵波　　　开票人：韩琴　　　销售单位：

第三联：发票联　购买方记账凭证

表 1-1-6

中国工商银行（辽）

转账支票存根

支票号码 003583

附加信息

出票日期 202×年 11月 1日

收款人：嘉业有限公司

金　额：￥40 726.33

用　途：购料

单位主管　林丽　　会计　李栋

表 1-1-7

收料单

发票号码：

供应单位：嘉业有限公司　　　　202×年 11 月 1 日　　　　凭证编号：1101

材料类别	材料名称及规格	计量单位	数量		单价（元）	买价（元）	运杂费（元）	实际成本（元）
			发票	实收				
原料及主要材料	32S/TR 纱	千克	2 300	2 300	15.67	36 041.00		36 041.00
合计								36 041.00

记账：　　　　主管：　　　　验收：李庆　　　　交料：吴振凯

第二联 记账联

二维码 1-1-1

答案解析

表 1-1-8

自制半成品出库单

用途：染色车间生产用　　　　202×年 11 月 1 日　　　　凭证编号：01

产品类别	产品名称及规格	产品编号	计量单位	数量	单位成本	总成本
坯布	罗纹布		千克	10 000		
	氨纶汗布		千克	15 000		
合计						

记账：　　　　主管：　　　　保管：张洪德　　　　提货：万常胜

第二联 记账联

二维码 1-1-2

答案解析

表 1-1-9

领料单

领料部门：织布车间

用途：氨纶汗布生产用　　　　202×年 11 月 1 日　　　　凭证编号：151101

材料类别	材料名称及规格	材料编号	计量单位	数量		单价（元）	金额（元）
				请领	实领		
原料及主要材料	32S/TR 纱		千克	2 000	2 000		
合计							

记账：　　　　审批人：秦万星　　　　领料：辛长龙　　　　发料：陈怡

第二联 记账联

二维码 1-1-3

答案解析

表 1-1-10

领料单

领料部门：织布车间

用途：罗纹布生产用　　202×年 11 月 1 日　　凭证编号：151102

材料类别	材料名称及规格	材料编号	计量单位	数量		单价（元）	金额（元）
				请领	实领		
原料及主要材料	40S/TR 纱		千克	3 000	3 000		
合计							

记账：　　审批人：秦万星　　领料：辛长龙　　发料：陈怡

第二联 记账联

二维码 1-1-4

答案解析

表 1-1-11

领料单

领料部门：织布车间

用途：生产耗用　　202×年 11 月 1 日　　凭证编号：151103

材料类别	材料名称及规格	材料编号	计量单位	数量		单价（元）	金额（元）
				请领	实领		
原料及主要材料	20D 纱		千克	500	500		
合计							

记账：　　审批人：秦万星　　领料：辛长龙　　发料：陈怡

第二联 记账联

二维码 1-1-5

答案解析

表 1-1-12

领料单

领料部门：定型车间

用途：生产耗用　　202×年 11 月 1 日　　凭证编号：151104

材料类别	材料名称及规格	材料编号	计量单位	数量		单价（元）	金额（元）
				请领	实领		
辅助材料	柔软剂		千克	400	400		
合计							

记账：　　审批人：陆明阳　　领料：任天鑫　　发料：陈怡

第二联 记账联

表 1-1-13

领料单

领料部门：染色车间

用途：生产耗用　　202×年 11 月 1 日　　凭证编号：151105

材料类别	材料名称及规格	材料编号	计量单位	数量		单价（元）	金额（元）
				请领	实领		
原料及主要材料	ETC黑色		千克	100	100		
合计							

第二联 记账联

记账：　　审批人：蒋艳秋　　领料：万常胜　　发料：陈怡

表 1-1-14

领料单

领料部门：染色车间

用途：生产耗用　　202×年 11 月 1 日　　凭证编号：151106

材料类别	材料名称及规格	材料编号	计量单位	数量		单价（元）	金额（元）
				请领	实领		
原料及主要材料	HGL蓝色		千克	150	150		
合计							

第二联 记账联

记账：　　审批人：蒋艳秋　　领料：万常胜　　发料：陈怡

表 1-1-15

领料单

领料部门：染色车间

用途：生产耗用　　202×年 11 月 1 日　　凭证编号：151107

材料类别	材料名称及规格	材料编号	计量单位	数量		单价（元）	金额（元）
				请领	实领		
辅助材料	均染剂		千克	200	200		
	净洗剂		千克	180	180		
合计							

第二联 记账联

记账：　　审批人：蒋艳秋　　领料：万常胜　　发料：陈怡

表 1-1-16

领料单

领料部门：锅炉车间

用途：生产耗用　　　　202×年 11 月 2 日　　　　凭证编号：151108

材料类别	材料名称及规格	材料编号	计量单位	数量		单价（元）	金额（元）
				请领	实领		
燃料	煤		吨	8	8		
合计							

第二联　记账联

记账：　　　　审批人：郭旺喜　　　　领料：陈浩明　　　　发料：陈怡

表 1-1-17

领料单

领料部门：织布车间

用途：罗纹布生产用　　　　202×年 11 月 2 日　　　　凭证编号：151109

材料类别	材料名称及规格	材料编号	计量单位	数量		单价（元）	金额（元）
				请领	实领		
原料及主要材料	40S/TR 纱		千克	7 000	7 000		
合计							

第二联　记账联

记账：　　　　审批人：秦万星　　　　领料：辛长龙　　　　发料：陈怡

表 1-1-18

山东省增值税专用发票

发票联

全国统一发票监制章　国家税务总局监制

3705178612　　　　NO 001322178

开票日期：202×年 11 月 02 日

购买方	名　　称：丹东华星纺织品有限公司 纳税人识别号：91210605679865612H 地 址、电 话：丹东市振安区北祥路 16 号 0415-83235668 开户行及账号：工行丹东市振安支行 216003010024068576
密码区	6+79->8-><09/-9632>>+563*67+71*>235> 6657*2+3-7/0875-45*23/5>11>-52255>32-- 47*+7*45-43>5200+*/11*1+6-76-87/97*56+ 6654+//<2265--0563/254*958+20/78><3412< 5645>43><227/64

货物或应税劳务名称	规格型号	单位	数量	单价	金额	税率	税额
纱	TR40 支	千克	5 800	16.58	96 164.00	13%	12 501.32
价税合计（大写）	⊗壹拾万捌仟陆佰陆拾伍元叁角贰分				（小写）￥108 665.32		

销售方	名　　称：潍坊百色有限公司 纳税人识别号：913704238767215893 地 址、电 话：潍坊市纺城街 5 号 0536-63779856 开户行及账号：工行潍坊市坊子支行 622485570020613474
备注	潍坊百色有限公司 913704238767215893 发票专用章

第三联：发票联　购买方记账凭证

收款人：胡浩　　　　复核：李彤　　　　开票人：胡浩　　　　销售单位：

二维码 1-1-6

答案解析

表 1-1-19

收料单

发票号码：

供应单位：潍坊百色有限公司　　202×年 11 月 2 日　　凭证编号：1102

材料类别	材料名称及规格	计量单位	数量		单价（元）	买价（元）	运杂费（元）	实际成本（元）
			发票	实收				
原料及主要材料	40S/TR 纱	千克	5 800	5 800	16.58	96 164.00		96 164.00
合计								96 164.00

第二联　记账联

记账：　　主管：　　验收：李庆　　交料：吴振凯

表 1-1-20

领料单

领料部门：定型车间

用途：生产耗用　　202×年 11 月 5 日　　凭证编号：151110

材料类别	材料名称及规格	材料编号	计量单位	数量		单价（元）	金额（元）
				请领	实领		
辅助材料	柔软剂		千克	200	200		
合计							

第二联　记账联

记账：　　审批人：陆明阳　　领料：任天鑫　　发料：陈怡

表 1-1-21

领料单

领料部门：厂部

用途：一般耗用　　202×年 11 月 8 日　　凭证编号：151111

材料类别	材料名称及规格	材料编号	计量单位	数量		单价（元）	金额（元）
				请领	实领		
燃料	柴油		升	1 000	1 000		
合计							

第二联　记账联

记账：　　审批人：刘银雪　　领料：于洪丽　　发料：陈怡

表 1-1-22

领料单

领料部门：织布车间

用途：氨纶汗布生产用　　202×年 11 月 9 日　　凭证编号：151112

材料类别	材料名称及规格	材料编号	计量单位	数量		单价（元）	金额（元）
				请领	实领		
原料及主要材料	32S/TR 纱		千克	13 000	13 000		
合计							

第二联 记账联

记账：　　审批人：秦万星　　领料：辛长龙　　发料：陈怡

表 1-1-23

领料单

领料部门：染色车间

用途：一般耗用　　202×年 11 月 10 日　　凭证编号：151113

材料类别	材料名称及规格	材料编号	计量单位	数量		单价（元）	金额（元）
				请领	实领		
低值易耗品	机物料		千克	80	80		
合计							

第二联 记账联

记账：　　审批人：蒋艳秋　　领料：万常胜　　发料：陈怡

表 1-1-24

领料单

领料部门：供水车间

用途：生产耗用　　202×年 11 月 12 日　　凭证编号：151114

材料类别	材料名称及规格	材料编号	计量单位	数量		单价（元）	金额（元）
				请领	实领		
修理用备件	水位控制器		个	3	3		
合计							

第二联 记账联

记账：　　审批人：石永义　　领料：武威　　发料：陈怡

表 1-1-25

领料单

领料部门：定型车间

用途：一般耗用　　　　202×年 11 月 14 日　　　　凭证编号：151115

材料类别	材料名称及规格	材料编号	计量单位	数量		单价（元）	金额（元）
				请领	实领		
低值易耗品	机物料		千克	50	50		
合计							

第二联　记账联

记账：　　　　审批人：陆明阳　　　　领料：任天鑫　　　　发料：陈怡

表 1-1-26

领料单

领料部门：织布车间

用途：一般耗用　　　　202×年 11 月 16 日　　　　凭证编号：151116

材料类别	材料名称及规格	材料编号	计量单位	数量		单价（元）	金 额（元）
				请领	实领		
低值易耗品	工作服		套	10	10		
合计							

第二联　记账联

记账：　　　　审批人：秦万星　　　　领料：辛长龙　　　　发料：陈怡

表 1-1-27

领料单

领料部门：厂部

用途：一般耗用　　　　202×年 11 月 17 日　　　　凭证编号：151117

材料类别	材料名称及规格	材料编号	计量单位	数量		单价（元）	金额（元）
				请领	实领		
低值易耗品	工作服		套	10	10		
合计							

第二联　记账联

记账：　　　　审批人：刘银雪　　　　领料：于洪丽　　　　发料：陈怡

表 1-1-28

领料单

领料部门：供水车间

用途：生产耗用　　202×年 11 月 20 日　　凭证编号：151118

材料类别	材料名称及规格	材料编号	计量单位	数量		单价（元）	金额（元）
				请领	实领		
修理用备件	控制箱附件		套	3	3		
合计							

第二联　记账联

记账：　　审批人：石永义　　领料：武威　　发料：陈怡

表 1-1-29

领料单

领料部门：锅炉车间

用途：生产耗用　　202×年 11 月 22 日　　凭证编号：151119

材料类别	材料名称及规格	材料编号	计量单位	数量		单价（元）	金额（元）
				请领	实领		
修理用备件	压力控制器		个	2	2		
合计							

第二联　记账联

记账：　　审批人：郭旺喜　　领料：陈浩明　　发料：陈怡

表 1-1-30

领料单

领料部门：供水车间

用途：一般耗用　　202×年 11 月 26 日　　凭证编号：151120

材料类别	材料名称及规格	材料编号	计量单位	数量		单价（元）	金额（元）
				请领	实领		
低值易耗品	机物料		千克	20	20		
合计							

第二联　记账联

记账：　　审批人：石永义　　领料：武威　　发料：陈怡

表 1-1-31

领料单

领料部门：锅炉车间

用途：一般耗用　　　　202×年 11 月 27 日　　　　凭证编号：151121

材料类别	材料名称及规格	材料编号	计量单位	数量		单价（元）	金额（元）
				请领	实领		
低值易耗品	工作服		套	5	5		
合计							

第二联 记账联

记账：　　　　审批人：郭旺喜　　　　领料：陈浩明　　　　发料：陈怡

表 1-1-32

领料单

领料部门：定型车间

用途：生产耗用　　　　202×年 11 月 28 日　　　　凭证编号：151122

材料类别	材料名称及规格	材料编号	计量单位	数量		单价（元）	金额（元）
				请领	实领		
包装物	塑料袋		个	500	500		
合计							

第二联 记账联

记账：　　　　审批人：陆明阳　　　　领料：任天鑫　　　　发料：陈怡

表 1-1-33

发料凭证汇总表

202×年 11 月　　　　单位：元

领料部门及用途		原材料				周转材料		合计
		原料及主要材料	辅助材料	修理备件	燃料	低值易耗品	包装物	
织布车间	罗纹布							
	氨纶汗布							
	生产耗用							
	一般耗用							
染色车间	生产耗用							
	一般耗用							
定型车间	生产耗用							
	一般耗用							
锅炉车间								
供水车间								
厂部								
合计								

会计主管：　　　　审核：　　　　制表：

二维码 1-1-7

答案解析

表 1-1-34

20D 纱材料费用分配表

织布车间　　202×年 11 月　　金额单位：元

产品名称	生产产品重量	费用分配率	费用分配额
罗纹布			
氨纶汗布			
合计			

会计主管：　　审核：　　制表：

二维码 1-1-8 答案解析

表 1-1-35

染料费用分配表

染色车间　　202×年 11 月　　金额单位：元

产品名称	所耗坯布重量	费用分配率	费用分配额
罗纹布			
氨纶汗布			
合计			

会计主管：　　审核：　　制表：

二维码 1-1-9 答案解析

表 1-1-36

助剂费用分配表

染色车间　　202×年 11 月　　金额单位：元

产品名称	单位费用定额	定额费用	费用分配率	费用分配额
罗纹布				
氨纶汗布				
合计				

会计主管：　　审核：　　制表：

二维码 1-1-10 答案解析

表 1-1-37

助剂费用分配表

定型车间　　202×年 11 月　　金额单位：元

产品名称	单位耗用量定额	定额耗用量	费用分配率	费用分配额
罗纹布				
氨纶汗布				
合计				

会计主管：　　审核：　　制表：

二维码 1-1-11 答案解析

表 1-1-38

包装物费用分配表

定型车间　　202×年 11 月　　金额单位：元

产品名称	完工产品重量	费用分配率	费用分配额
罗纹布			
氨纶汗布			
合计			

会计主管：　　审核：　　制表：

二维码 1-1-12 答案解析

表 1-1-39

材料费用分配汇总表

202×年 11 月

单位：元

应借科目 \ 应贷科目			原材料						周转材料			合计
			原料及主要材料		辅助材料	修理备件	燃料	小计	低值易耗品	包装物	小计	
			直接计入	分配计入								
基本生产成本	织布车间	罗纹布										
		氨纶汗布										
	染色车间	罗纹布										
		氨纶汗布										
	定型车间	罗纹布										
		氨纶汗布										
辅助生产成本	锅炉车间											
	供水车间											
制造费用	织布车间											
	染色车间											
	定型车间											
管理费用	厂　部											
合计												

会计主管：　　　　审核：　　　　制表：

二维码 1-1-13

答案解析

实训任务二　按计划成本法核算的材料费用分配

【实训目的】

通过实训使学生熟悉按计划成本法核算时材料费用分配的程序，掌握材料费用计入产品成本的方法，熟练操作按计划成本法核算的材料费用分配及其账务处理流程。

【实训资料】

1.兴和农机厂202×年6月发出材料见表1-2-1，该厂原材料按计划成本核算。

2.该厂材料成本差异率为-2%。

3.基本生产车间生产C50、C60两种产品，共同耗用的原材料按定额耗用量的比例分配，两种产品的产量及定额资料如下：

6月份C50产品产量450件，原材料单位耗用定额12千克；C60产品产量250件，原材料单位耗用定额4千克。

【实训要求】

1.根据表1-2-1及有关资料计算原材料费用分配率，分配间接耗用材料费用。

2.根据表1-2-1及有关资料，编制表1-2-2“材料费用分配汇总表”。

3.根据表1-2-2编制有关记账凭证。

【知识链接】

材料成本采用计划成本计价核算时，企业应设置“材料采购”、“原材料”和“材料成本差异”账户分别核算材料实际成本、入库材料计划成本和两种成本下的差异金额。

材料成本差异额=材料实际成本-材料计划成本（>0为超支差，<0为节约差）

$$\text{材料成本差异率}=\left(\text{月初结存材料成本差异额}+\text{本月收入材料成本差异额}\right)\div\left(\text{月初结存材料计划成本}+\text{本月收入材料计划成本}\right)$$

发出材料应分配的成本差异额=发出材料计划成本×材料成本差异率

发出材料实际成本=发出材料计划成本+发出材料应分配的成本差异额

【思政案例1】

小李大学毕业后应聘到光明食品厂，从事成本会计工作，主要负责材料的核算。在工作中他发现该厂在材料核算与管理上存在一些不足，比如没有领料单，实际领用时只是在仓库保管员处签上时间和数量；领用材料计量不够准确，对于不方便清点数量的材料，采用目测的方法估算；没有消耗定额标准，材料消耗是根据实际领料数量进行核算的，这就造成了一定程度的浪费，并使各月之间成本波动较大。

鉴于公司目前存在的问题，小李向公司领导提出了材料核算的改进意见：

1.企业进行材料核算工作必须做好各项基础工作，要健全各项原始记录，并按管理权限完备审核手续；

2.制定合理的凭证传递流程，健全材料的计量、验收、领退和盘点制度；

3.实施有效的定额管理，合理设置各产品的材料消耗定额，建立适合企业内部的结算价格。

思考问题：

1.本案例中，小李提出材料核算改进意见的做法是否正确？

2.结合材料核算的实际工作，你认为材料核算会计的岗位职责有哪些？

表 1-2-1

发料凭证汇总表

202×年 6 月

单位：元

领料部门		原料及主要材料	辅助材料	外购件	合计
基本生产车间	C50产品耗用	336 000			
	C60产品耗用	523 000			
	产品共同耗用	320 000			
	机物料消耗		83 500		
	修理用材料		10 970		
	劳动保护用材料		6 540		
	车间办公用材料		3 380		
锅炉车间			16 440	3 140	
供电车间			9 750	4 500	
管理部门			5 100		
合计					

会计主管：　　　　审核：　　　　制表：

表 1-2-2

材料费用分配汇总表

202×年 6 月

金额单位：元

借方科目			产量	耗用材料计划成本						材料成本差异额	耗用材料实际成本
总账账户	二级账户	明细账户		直接耗用材料	共同耗用材料				计划成本合计		
					单位耗用定额	定额耗用量	分配率	分配费用			
生产成本	基本生产成本	C50产品									
		C60产品									
		小计									
	辅助生产成本	锅炉车间									
		供电车间									
		小计									
制造费用	基本生产车间	机物料									
		修理费									
		劳保费									
		办公费									
		小计									
管理费用		修理费									
		小计									
合计											

会计主管： 审核： 制表：

二维码 1-2-1

答案解析

实训项目二　人工费用的计算与分配

【实训目的】

通过实训使学生明确工资计算的依据，掌握计时工资、计件工资的计算，熟悉工资结算单、工资结算表及汇总表的编制方法，熟练掌握工资费用分配表的编制方法，熟悉工资核算业务流程，胜任工资核算岗位的会计工作。

【实训资料】

1.丹东华星纺织品有限公司生产工人实行计件工资制，车间管理人员实行计时工资制，各车间、工段生产工人的计件工资额由工厂企管科根据完成的生产任务等有关资料计算后，通知财务科工资核算员，由工资核算员按工段、车间分别编制“工资结算单”，并根据各部门的“工资结算单”，编制“工资结算汇总表”，作为工资核算的原始依据。

2.各生产车间生产工人的工资作为间接费用，按各产品生产工时比例分配计入该产品的基本生产成本明细账的“直接人工”成本项目。

3.202×年11月份与工资计算有关的资料见表2-1至表2-9。

【实训要求】

1.根据表2-1、表2-2和表2-3所提供的资料，按月标准工资扣除缺勤工资的方法计算织布车间管理人员的应付工资，并填列表2-7。(按月计薪天数21.75天计算日工资率)

2.根据表2-4中“罗纹布”的计件总工资，以“实际工时”为分配标准，计算织布一班工人的计件工资，并填列表2-8“集体计件工资分配表”。(分配率保留2位小数)

3.根据表2-4中“氨纶汗布”的相关资料，以“计时工资”为分配标准，计算织布二班工人的计件工资，并填列表2-9“集体计件工资分配表”。

4.根据表2-7、表2-8和表2-9的结果计算并填列表2-10“职工代扣款项通知单”。丹东华星纺织品有限公司所在地区规定，职工个人应负担的各项保险及公积金缴纳比例为：养老保险8%，医疗保险2%，失业保险0.5%，公积金10%。(公积金计提金额保留到整数位)

5.根据表2-7、表2-8、表2-9和表2-10的结果计算并填列表2-11“工资结算单”。

6.根据表2-11“工资结算单”的相关数据，填列表2-12“工资结算汇总表”中织布车间生产工人和管理人员两行；根据“工资结算汇总表”中已有数据计算并填列其他各栏数据。(公积金计提金额保留到整数位)

7.根据表2-6“各车间工时记录汇总表”和表2-12“工资结算汇总表”填制表2-14“工资费用分配表”。

8.根据表2-14“工资费用分配表”计算填列表2-15“社会保险及公积金计提表”。丹东华星纺织品有限公司所在地区规定，企业应负担的各项保险及公积金缴纳比例为：养老保险16%，医疗保险7%，失业保险0.5%，工伤保险1.3%，生育保险0.5%，公积金10%。(公积金计提金额保留到整数位)

9.根据表2-14“工资费用分配表”计算填列表2-16“工会经费、职工教育经费计提表”。工会经费按应付工资总额的2%计提，职工教育经费按应付工资总额的8%计提。

10.根据表2-12至表2-16编制相应的记账凭证，并登记各车间的基本生产成本、辅助生产成本和制造费用明细账。

【知识链接】

一、工资的计算方法

制造企业可根据具体情况采用各种不同的工资制度，其中最基本的工资制度是计时工资制度和计件工资制度。

（一）计时工资的计算

计时工资是根据考勤记录登记的每一职工出勤或缺勤日数，按照规定的工资标准计算的。工资标准按其计算的时间不同，有按月计算的、按日计算的或按小时计算的。计时工资的计算包括月薪制和日薪制两种方法。鉴于我国工资的计算一般采用月薪制，所以重点介绍月薪制下计时工资的计算方法。

1.月薪制：月标准工资是固定的，即全勤工资是固定的。月薪制有减法和加法两种计算方法。

减法的计算公式：$\frac{\text{某职工应得}}{\text{计时工资}}=\frac{\text{该职工月}}{\text{工资标准}}-\frac{\text{事假、旷}}{\text{工天数}}\times\frac{\text{日工资}}{\text{标准}}-\frac{\text{病假}}{\text{天数}}\times\frac{\text{日工资}}{\text{标准}}\times\frac{\text{病假}}{\text{扣款率}}$

加法的计算公式：$\frac{\text{某职工应得}}{\text{计时工资}}=\frac{\text{该职工本月}}{\text{出勤天数}}\times\frac{\text{日工资}}{\text{标准}}+\frac{\text{病假}}{\text{天数}}\times\frac{\text{日工资}}{\text{标准}}\times\left(1-\frac{\text{病假}}{\text{扣款率}}\right)$

2.日薪制：职工每月的全勤工资是不固定的。

日薪制的计算公式：$\frac{\text{某职工应得}}{\text{计时工资}}=\frac{\text{该职工本月}}{\text{出勤天数}}\times\frac{\text{日工资}}{\text{标准}}+\frac{\text{病假}}{\text{天数}}\times\frac{\text{日工资}}{\text{标准}}\times\left(1-\frac{\text{病假}}{\text{扣款率}}\right)$

可见，日薪制的计算公式与月薪制加法的计算公式相同。

（二）计件工资的计算

计件工资的计算包括个人计件工资的计算和集体计件工资的计算。

1.个人计件工资的计算

某职工应得计件工资=（合格品数量+料废数量×完工程度）×计件单价

注意：完成的工作量包括完成的合格品数量和非职工操作不当所造成的废品数量（如料废）。若工废，往往还需根据情况确定是否由职工赔偿损失。因为料费通常一旦发现立即报废，而不再继续加工，所以料废产品的计件工资应结合其完工程度来计算。

2.集体计件工资的计算

先按集体完成的工作量和计件单价计算出集体应得计件工资，然后将集体计件工资在各成员间进行分配。集体计件工资的计算原理同个人应得计件工资，重点是内部成员间分配的方法。

（1）按应得计时工资比例计算：

计算步骤如下：

Ⅰ.按月标准工资计算出小时工资标准；

Ⅱ.用实际工作时间乘以小时工资标准计算出应得计时工资；

Ⅲ.用集体计件工资除以应得计时工资合计数，计算出分配率；

Ⅳ.用应得计时工资乘以分配率，计算出个人应得计件工资。

（2）按实际工作小时比例计算：

计算步骤如下：

Ⅰ.计算出小组计件工资总额；

Ⅱ.汇总出小组实际工作小时；

Ⅲ.计算工资分配率（单位工作小时应分配的工资）；

Ⅳ.计算出个人应得计件工资=个人实际工作小时×工资分配率。

3.奖金、津贴和补贴以及加班加点工资的计算

奖金：分为单项奖和综合奖，应根据企业职工奖励制度、奖金计算发放办法计算。

津贴和补贴：根据国家规定的享受范围和标准进行计算。

加班加点工资：根据加班天数、时数以及职工个人的日工资率和小时工资率计算。

4.应付工资及实发工资的计算

应付工资=应付计时工资+应付计件工资+奖金+津贴和补贴+加班加点工资+特殊情况下支付的工资

实发工资=应付工资-代扣款项

二、工资费用分配的核算

对于职工工资、奖金、津贴和补贴等货币性职工薪酬，企业应当在职工为其提供服务的会计期间，将实际发生的职工工资、奖金、津贴和补贴等，根据职工提供服务的受益对象，将应确认的职工薪酬，借记“生产成本”“制造费用”“管理费用”“销售费用”等科目，贷记“应付职工薪酬——工资”科目。

生产工人工资费用应当按产品的生产工时比例分配。这样做的好处是能将产品所分配的工资费用与劳动生产率联系起来。如果取得各种产品的实际生产工时数据比较困难，而各种产品的单件工时定额比较准确，也可以按产品的定额工时（产品数量与工时定额的乘积）比例分配工资费用。

工资费用分配率=生产工人工资总额÷各种产品生产工时（实际或定额）之和

某种产品应负担的工资费用=工资费用分配率×该产品生产工时（实际或定额）

三、社会保险费和住房公积金的提取和分配

社会保险费包括医疗保险费、养老保险费、失业保险费、工伤保险费。企业承担的社会保险费，除养老保险费和失业保险费按规定确认为离职后福利外，其他的社会保险费作为企业的短期薪酬。期末，对于企业应交纳的社会保险费（不含养老保险费和失业保险费）和住房公积金，应按照规定的计提基础和比例，在职工提供服务期间根据受益对象计入当期损益或相关资产成本，并确认相应的应付职工薪酬金额，借记“生产成本”“制造费用”“管理费用”“销售费用”等科目，贷记“应付职工薪酬——社会保险费”“应付职工薪酬——住房公积金”科目。

养老保险费和失业保险费按规定应确认为离职后福利，企业应当根据在资产负债表日为换取职工在会计期间提供的服务，而应向单独主体缴存的提存金确认为应付职工薪酬，并计入当期损益或相关资产成本，借记“生产成本”“制造费用”“管理费用”“销售费用”等科目，贷记“应付职工薪酬——设定提存计划”科目。

四、工会经费、职工教育经费的核算

根据《工会法》的规定，企业按每月全部职工工资总额的2%向工会拨缴经费，在成本、费用中列支，主要用于为职工服务和工会活动。职工教育经费按每月工资总额的一定比例计提，主要用于职工接受岗位培训、继续教育等方面的支出。期末，企业根据规定的计提基础和比例计算确定应付工会经费、职工教育经费，借记“生产成本”“制造费用”“管理费用”“销售费用”等科目，贷记“应付职工薪酬——工会经费”“应付职工薪酬——职工教育经费”等科目。

【思政案例2】

立勤公司为国有企业，2009开始执行《企业会计准则》。2022年8月，小王大学毕业应聘到该公司成本会计岗位工作，工作中他发现本公司2022年7月份有关社会保险费的核算与在学校学习的不同，具体差异如下：

公司2022年7月应付职工工资总额为893 000元，工资费用分配汇总表中列示的产品生产工人工

资为580 000元，车间管理人员工资为125 000元，公司行政管理人员工资为151 000元，专设销售机构人员工资为37 000元。根据国家规定计提标准，按应付工资总额的16%计提养老保险，7%计提医疗保险，0.5%计提失业保险，1.3%计提工伤保险，0.5%计提生育保险。

1.公司关于社会保险费的会计处理为：

借：生产成本	146 740	
制造费用	31 625	
管理费用	38 203	
销售费用	9 361	
贷：应付职工薪酬——社会保险费——养老保险		142 880
——社会保险费——医疗保险		62 510
——社会保险费——失业保险		4 465
——社会保险费——工伤保险		11 609
——社会保险费——生育保险		4 465

2.小王提出的会计处理为：

借：生产成本	146 740	
制造费用	31 625	
管理费用	38 203	
销售费用	9 361	
贷：应付职工薪酬——设定提存计划——养老保险		142 880
——社会保险费——医疗保险		62 510
——设定提存计划——失业保险		4 465
——社会保险费——工伤保险		11 609
——社会保险费——生育保险		4 465

小王认为公司的会计处理存在一定问题，于是他就将此情况反映给财务负责人赵东，赵东则认为自己是高级会计师，公司在开始执行《企业会计准则》时又对准则进行了认真深入的学习，不可能会有核算的错误，对小王提出的问题不加理会。

思考问题：

1.本案例中，公司的会计处理和小王提出的会计处理方法哪个是正确的？依据是什么？

2.从会计职业道德的角度谈谈赵东违背了哪几项会计职业道德的要求？

表 2-1

丹东华星纺织品有限公司工资结算标准

202×年 11 月　　单位：元

项目	单位	金额
夜班津贴	每班次	40
各种补贴	每人	100

表 2-2

车间管理人员考勤记录表

部门：织布车间　　202×年 11 月　　单位：天

班组	姓名	出勤分类				缺勤分类		备注
		出勤	加班	中班	夜班	病假	事假	
管理人员	秦万星	21			2	1		病假工资按月基本工资的 10% 扣除
	辛长龙	20			2		2	

表 2-3

车间管理人员工资奖金通知单

部门：织布车间　　202×年 11 月　　单位：元

姓名	基本工资	经常性奖金
秦万星	2 392.50	500
辛长龙	1 957.50	500

表 2-4

产量记录表

部门：织布车间　　202×年 11 月

产品名称	检验情况（千克）				合格品工资（元）		
	交验数	合格数	工废数	料废数	计件单价	产量	计件总工资
罗纹布	13 580	13 580			1.00	13 580	13 580
氨纶汗布	15 010	15 000	10		0.80	15 000	12 000

表 2-5

工时及工资等级记录表

部门：织布车间　　202×年 11 月　　单位：小时

织布一班	工人姓名	陈晖	张文乐	王凤玲	管越彤	谢莲	合计
	实际工时	140	135	130	130	125	660
织布二班	工人姓名	杨武	宋炜熙	高童涵	刘和义	万健聪	—
	实际工时	135	145	140	160	170	750
	小时工资率	10	9	8	7	6.5	—

表 2-6

各车间工时记录汇总表

202×年 11 月　　　　单位：小时

织布车间		染色车间		定型车间	
罗纹布	氨纶汗布	罗纹布	氨纶汗布	罗纹布	氨纶汗布
660	750	710	890	640	860

表 2-7

车间管理人员应付工资计算表

部门：织布车间　　　　202×年 11 月　　　　金额单位：元

姓名	基本工资	日工资	奖金	补贴	夜班津贴		病假扣款		事假扣款		应付工资
					天数	津贴	天数	扣款	天数	扣款	
秦万星											
辛长龙											
合计											

会计主管：　　　　审核：　　　　制表：

二维码 2-1
答案解析

表 2-8

集体计件工资分配表

部门：织布一班　　　　202×年 11 月　　　　金额单位：元

工人姓名	实际工时	分配率	计件工资
陈晖			
张文乐			
王凤玲			
管越彤			
谢莲			
合计			

会计主管：　　　　审核：　　　　制表：

二维码 2-2
答案解析

表 2-9

集体计件工资分配表

部门：织布二班　　　　202×年 11 月　　　　金额单位：元

工人姓名	实际工时	小时工资率	计时工资	分配率	计件工资
杨武					
宋炜熙					
高童涵					
刘和义					
万健聪					
合计					

会计主管：　　　　审核：　　　　制表：

二维码 2-3
答案解析

表 2-10

职工代扣款项通知单

部门：织布车间　　　　202×年 11 月　　　　单位：元

扣款项目 姓名	医疗保险 （2%）	养老保险 （8%）	失业保险 （0.5%）	公积金 （10%）	合计
秦万星					
辛长龙					
陈晖					
张文乐					
王凤玲					
管越彤					
谢莲					
杨武					
宋炜熙					
高童涵					
刘和义					
万健聪					
合计					

会计主管：　　　　审核：　　　　制表：

二维码
2-4
答案解析

表 2-11

工资结算单

部门：织布车间　　202×年 11 月　　单位：元

姓名	基础工资	奖金	加班工资	津贴		应扣工资		应付工资	代扣款项					实发工资
				物价	夜班	病假	事假		医疗保险	养老保险	失业保险	公积金	小计	
秦万星														
辛长龙														
陈晖														
张文乐														
王凤玲														
管越彤														
谢莲														
杨武														
宋炜熙														
高童涵														
刘和义														
万健聪														
合计														

会计主管：　　审核：　　制表：

二维码 2-5

答案解析

表 2-12

工资结算汇总表

202×年 11 月

单位：元

二维码 2-6

答案解析

部门人员		基础工资	奖金	加班工资	津贴		应扣工资		应付工资	代扣款项					实发工资
					物价	夜班	病假	事假		医疗保险	养老保险	失业保险	公积金	小计	
织布车间	生产工人														
	管理人员														
染色车间	生产工人	19 000			1 000										
	管理人员	2 980	800		200	120	10	90							
定型车间	生产工人	14 400			600										
	管理人员	2 460	1 200		200	160	20								
锅炉车间		4 220	1 200		300	880	13	87							
供水车间		4 270	1 600		400	880	32	118							
企管部门		7 960	3 600		600		46	114							
合计															

会计主管：　　　　审核：　　　　制表：

表 2-13

中国工商银行（辽）

转账支票存根

支票号码 005386

附加信息______________________

____

____

出票日期 ***202×***年 ***11***月 ***5***日

收款人：丹东华星纺织品有限公司

金　额：￥***79 976.10***

用　途：工资

单位主管　林丽　会计　李栋

表 2-14

工资费用分配表

202×年 11 月　　　　金额单位：元

应借科目			应付工资				合计
			分配计入			直接计入	
总账科目	二级科目	明细科目	生产工时	分配率	分配额		
基本生产成本	织布车间	罗纹布					
		氨纶汗布					
		小计					
	染色车间	罗纹布					
		氨纶汗布					
		小计					
	定型车间	罗纹布					
		氨纶汗布					
		小计					
辅助生产成本	锅炉车间						
	供水车间						
	小计						
制造费用	织布车间						
	染色车间						
	定型车间						
	小计						
管理费用							
合计							

会计主管：　　　　审核：　　　　制表：

二维码 2-7

答案解析

表 2-15

社会保险及公积金计提表

202×年 11 月

单位：元

应借科目			应付工资	养老保险（16%）	医疗保险（7%）	失业保险（0.5%）	工伤保险（1.3%）	生育保险（0.5%）	公积金（10%）	合计
总账科目	二级科目	明细科目								
基本生产成本	织布车间	罗纹布								
		氨纶汗布								
		小计								
	染色车间	罗纹布								
		氨纶汗布								
		小计								
	定型车间	罗纹布								
		氨纶汗布								
		小计								
辅助生产成本	锅炉车间									
	供水车间									
	小计									
制造费用	织布车间									
	染色车间									
	定型车间									
	小计									
管理费用										
合计										

会计主管：　　　　审核：　　　　制表：

二维码 2-8

答案解析

表 2-16

工会经费、职工教育经费计提表

202×年 11 月　　　　单位：元

应借科目			应付工资	工会经费（2%）	职工教育经费（8%）	合计
总账科目	二级科目	明细科目				
基本生产成本	织布车间	罗纹布				
		氨纶汗布				
		小计				
	染色车间	罗纹布				
		氨纶汗布				
		小计				
	定型车间	罗纹布				
		氨纶汗布				
		小计				
辅助生产成本	锅炉车间					
	供水车间					
	小计					
制造费用	织布车间					
	染色车间					
	定型车间					
	小计					
管理费用						
合计						

会计主管：　　　　审核：　　　　制表：

二维码
2-9

答案解析

实训项目三　其他费用的计算与分配

【实训目的】

通过实训使学生掌握动力费用、折旧费用及其他费用的计算与分配方法，熟练操作上述费用的归集分配程序及账务处理方法。

【实训资料】

1.丹东华星纺织品有限公司11月份电力耗用及支付情况见表3-1至表3-3。

2.该厂11月份应计提折旧的固定资产原值及折旧率情况见表3-5。

3.该厂11月份财产保险费和报刊费的预付账款明细账见表3-6和表3-7。

4.该厂11月份缴付“五险一金”和工会经费情况见表3-9至表3-17。

【实训要求】

1.根据表3-1、表3-2和表3-3所提供的资料和实训项目二中表2-6的工时情况，计算外购电费的分配金额填列表3-4“外购电费分配表”，并作相应的账务处理。

2.根据表3-5所提供的资料，计提各车间本月固定资产折旧额，并作相应的账务处理。

3.根据表3-6和表3-7的预付账款明细账计算分摊本月各部门的财产保险费和报刊费。

（1）根据表3-5所提供的资料，计算各部门本月应提折旧的固定资产原值，作为分摊本月财产保险费的依据，根据表3-6将计算的保险费分配率和分配额填入表3-8。

（2）根据表3-7所提供的资料，将本月应分摊的报刊费按部门均摊，并将计算结果填入表3-8。

（3）根据表3-8进行相关的账务处理。

4.根据表3-9至表3-17作出缴付“五险一金”和工会经费的相关账务处理。

5.根据上述记账凭证登记各车间的成本费用明细账。

【知识链接】

一、外购动力费用的归集与分配

外购动力是指向外单位购买电力、蒸汽、煤气等动力所支付的费用。其核算具体包括外购动力费用的支出和分配两个方面。

（一）外购动力费用支出的核算

在实际工作中，由于外购动力费用一般不是在每月末支付，而是在每月的某日支付。支付时一般是借记“应付账款”账户，贷记“银行存款”账户，到月末，再借记各成本、费用类账户，贷记“应付账款”账户。这是因为支付日支付的动力费用并不完全是当月的动力费用，而是上月付款日到本月付款日的动力费用。所以，为了正确地计算当月的动力费用，不仅要计算、扣除上月付款日到上月末的动力费用，而且要分配、补记当月付款日到当月末的动力费用，核算工作量太大。因此，支付动力费用时一般通过“应付账款”账户，只在每月的月末分配登记一次动力费用。这样，在核算“应付账款”账户时，借方所记本月已付动力费用与贷方所记本月应付动力费用，往往不相等，从而会出现月末余额。如果月末余额在借方，表示本月实际支付款大于应付款，多付了动力费用，可以抵冲下月应付费用；如果月末余额在贷方，表示本月应付款大于实际支付款，形成应付动力费用，可以在下月支付。

如果每月支付动力费用的日期基本固定，而且每月付款日到月末的应付动力费用相差不多时，各月付款日到月末的应付动力费用可以互相抵消。如果不影响各月动力费用核算的正确性，也可以不通过“应付账款”账户，而直接借记有关成本、费用类账户，贷记“银行存款”账户。

（二）外购动力费用分配的核算

外购动力有的直接用于产品生产，如生产工艺过程耗用电力；有的间接用于生产，如生产车间照明用；有的用于行政经营管理，如行政管理部门耗用等。这些动力费用是按用途进行分配的，在有仪表记录的情况下，按照仪表所示耗用动力数量以及动力单价计算；在没有安装仪表以及车间生产用的动力无法按不同产品分别安装仪表的情况下，所发生的外购动力费用应采用一定的分配方法在受益对象之间进行分配。分配方法有生产工时比例分配法、机器工时比例分配法、定额耗用量比例分配法等。

在进行外购动力费用分配的账务处理时，直接用于产品生产的外购动力，如能分清是哪种产品耗用的，可直接计入该种产品成本明细账的“燃料及动力”成本项目，不能分清是哪种产品耗用的，则应采用上述分配方法将外购动力费用分配计入各产品的成本。各车间及管理部门的照明、取暖用动力费用分别记入该车间“制造费用”和“管理费用”账户及其所属的明细账。

二、固定资产折旧费的归集与分配

固定资产折旧一般应根据月初计提折旧的固定资产的有关资料和确定的折旧计算方法，按月计算提取。当月增加的固定资产，当月不提折旧，从下月起计提折旧；当月减少的固定资产，当月照提折旧，从下月起停止计提折旧。已提足折旧而逾期使用的固定资产不再计提折旧；提前报废的固定资产不得补提折旧。企业各车间、部门每月计提的折旧额可按下列公式计算：

本月折旧额=上月折旧额+上月增加固定资产应提折旧额−上月减少固定资产应提折旧额

三、其他费用的归集与分配

制造企业要素费用中的其他费用，是指除了前面所述各项要素以外的费用，包括邮电费、租赁费、报刊费、差旅费、外部加工费等。这些费用都没有专门的成本项目，在费用发生时，按照发生的车间、部门分别借记“制造费用”“管理费用”“在建工程”等账户，贷记“银行存款”或“库存现金”等账户。

【思政案例3】

迅达公司主要生产智能家电产品，由于该产品技术在国内处于领先地位，并采用了网络平台视频直播的销售方式，短时间内产品销量快速增长。公司为了提高产量，忽略了产品成本的控制与管理，盲目上设备，造成部分设备闲置，设备利用率降低；公司雇佣新工人时，这些新工人没有经过培训就上岗，导致废品率大幅度提高；另外，车间的办公费用也显著增长，生产过程造成了许多不必要的浪费。由于公司长期忽视降低成本的工作，企业生产成本长期高居不下，变动成本接近企业产品售价。两年后，市场上同类产品又出现了新技术，迅达公司产品不得不降低价格销售，由于产品成本过高，导致企业无法在产品降价后继续生存，濒临破产。

思考问题：

1. 从弘扬勤俭节约精神、树立成本节约意识的角度，谈谈成本控制的意义。

2. 你能想到的企业降低产品成本的途径和方法有哪些？

表 3-1

耗电用量统计表

202×年 11 月　　　　　　　　　　　　　　　　　　　　　　　　　单位：度

耗电部门		动力用电	照明用电
织布车间	生产耗用	2 820	
	车间耗用		180
染色车间	生产耗用	1 920	
	车间耗用		180
定型车间	生产耗用	3 750	
	车间耗用		150
锅炉车间		2 400	100
供水车间		1 800	200
企管部门			1 000
合计		12 690	1 810

审核：　　　　　　　　　　　　　　　　　　　　制表：

表 3-2

辽宁省增值税专用发票

发票联

全国统一发票监制章 国家税务总局监制

2103704451　　　　　　　　　　　　　　　　　　　　　　　　NO 401203108

开票日期：202×年 11 月 29 日

购买方	名　　称：丹东华星纺织品有限公司 纳税人识别号：91210605679865612H 地 址、电 话：丹东市振安区北祥路 16 号 0415-83235668 开户行及账号：工行丹东市振安支行 216003010024068576				密码区	3- 7/0875- 45*23/5>43>>1 +>< 56+79-645>43><09*-38-3>+5- 87/97*56 + 4 + 71* >23511>- 52255200+*/11*1/254*958+20+6- 766322>+6654+//5>32--47*+7* 45->6657*2+<2265-- 0563/78>< 3412<227/	
货物或应税劳务名称	规格型号	单位	数量	单价	金 额	税率	税额
电费		度	14 500	0.6	8 700.00	13%	1 131.00
价税合计（大写）	⊗玖仟捌佰叁拾壹元整　　（小写）￥9 831.00						
销售方	名　　称：国网辽宁电力丹东供电公司 纳税人识别号：9121060376721589480 地 址、电 话：丹东市振江街 763 号 0415-83779866 开户行及账号：工行丹东市振兴支行 21653072792134706				备注	国网辽宁电力丹东供电公司 9121060376721589480 发票专用章	

第三联：发票联　购买方记账凭证

收款人：张兴　　　　复核：李莉　　　　开票人：赵贤　　　　销售单位：

表 3-3

中国工商银行（辽）

转账支票存根

支票号码 003588

附加信息

出票日期 ***202×***年 ***11***月 ***29***日

收款人：国网辽宁电力丹东供电公司

金　额：￥***9 831.00***

用　途：电费

单位主管　林丽　会计　李栋

表 3-4

外购电费分配表

202×年 11 月　　　　金额单位：元

应借科目			动力用电				照明用电		合计
总账科目	二级科目	明细科目	用电度数	生产工时	分配率	分配额	用电度数	用电金额	
基本生产成本	织布车间	罗纹布							
		氨纶汗布							
		小计							
	染色车间	罗纹布							
		氨纶汗布							
		小计							
	定型车间	罗纹布							
		氨纶汗布							
		小计							
辅助生产成本	锅炉车间								
	供水车间								
	小计								
制造费用	织布车间								
	染色车间								
	定型车间								
	小计								
管理费用									
合计									

会计主管：　　　　审核：　　　　制表：

二维码 3-1

答案解析

表 3-5

固定资产折旧计提表

202×年 11 月　　　　　　　　　　　　　　　　　　金额单位：元

部门	类别	上月固定资产原值	月折旧率	上月计提折旧额	上月增加固定资产		上月减少固定资产		本月应提折旧额
					原值	应提折旧	原值	应提折旧	
织布车间	房屋建筑物	375 000	4‰						
	机器设备	400 000	6‰		50 000				
	小计	775 000	—						
染色车间	房屋建筑物	350 000	4‰						
	机器设备	500 000	6‰						
	小计	850 000	—						
定型车间	房屋建筑物	400 000	4‰						
	机器设备	400 000	6‰				20 000		
	小计	800 000	—						
锅炉车间	房屋建筑物	300 000	4‰						
	机器设备	300 000	6‰						
	小计	600 000	—						
供水车间	房屋建筑物	375 000	4‰						
	机器设备	350 000	6‰		20 000		30 000		
	小计	725 000	—						
企管部门	房屋建筑物	250 000	4‰						
	机器设备	185 000	6‰						
	小计	435 000	—						
合计									

会计主管：　　　　　　　　　　　　审核：　　　　　　　　　　　　制表：

二维码 3-2

答案解析

表 3-6

明细账

一级科目　预付账款

二级或明细科目　财产保险费　　　　　　　　　　　　　　总页＿＿分页＿＿

202×年		凭证		摘要	借方										贷方										借或贷	余额									
月	日	字	号		亿	千	百	十	万	千	百	十	元	角	分	亿	千	百	十	万	千	百	十	元	角	分		亿	千	百	十	万	千	百	十	元	角	分
10	6			支付第四季度财产保险费						2	5	1	1	0	0												借						2	5	1	1	0	0
	31			预付费用分配表																		8	3	7	0	0	借						1	6	7	4	0	0

表 3-7

明细账

一级科目 预付账款

二级或明细科目 报刊费　　　　　　　　　　　　　　　　总页______分页______

202×年		凭证		摘要	借方											贷方											借或贷	余额										
月	日	字	号		亿	千	百	十	万	千	百	十	元	角	分	亿	千	百	十	万	千	百	十	元	角	分		亿	千	百	十	万	千	百	十	元	角	分
10	*7*			支付第四季度报刊费							*9*	*0*	*0*	*0*	*0*												借							*9*	*0*	*0*	*0*	*0*
	31			预付费用分配表																		*3*	*0*	*0*	*0*	*0*	借							*6*	*0*	*0*	*0*	*0*

表 3-8

财产保险费、报刊费分配表

202×年 11 月　　　　　　　　　　　　　　　　金额单位：元

项目 部门	财产保险费			报刊费	合计
	固定资产原值	分配率	分配额		
织布车间					
染色车间					
定型车间					
锅炉车间					
供水车间					
企管部门					
合计					

会计主管：　　　　　　　　　　审核：　　　　　　　　　　制表：

二维码
3-3
答案解析

表3-9

丹东市社会保险缴费核定单

单位类别：企业　　　　　　　　核定日期：202×-11-04　　　　　　　　金额单位：元

缴费单位	单位电脑编号	210604512806	单位名称	丹东华星纺织品有限公司		
	税务登记号	91210605679865612H	缴费开户银行		缴费方式	
	社保登记证编号		缴费银行账号		缴费款所属期	202×11

缴费项目	在职人数	退休人数	合计人数	类别	缴费基数	缴费比例	缴费金额	瞒报补收	调剂金	滞纳金	利息	合计
养老保险	45	0	45	单位	100 599	0.16	16 095.84	0	0	0	0	16 095.84
				个人	100 599	0.08	8 047.92					8 047.92
医疗保险	45	0	45	单位	100 599	0.07	7 041.93					7 041.93
				个人	100 599	0.02	2 011.98					2 011.98
其中：公务员补助	0	0	0	单位	0	0	0.00					0.00
工伤保险	45	0	45	单位	100 599	0.013	1 307.79					1 307.79
				个人	0		0					0
生育保险	45	0	45	单位	100 599	0.005	503.00					503.00
				个人	0		0					0
失业保险	45	0	45	单位	100 599	0.005	503.00					503.00
				个人	100 599	0.005	503.00					503.00
总计							36 014.46	0	0	0	0	36 014.46
社会保险经办机构（业务专用章）												
重要提示：请各单位经办人在税务局缴费时，务必保证单位编号与征缴单保持一致，该单位新编号为210604512806。否则，会造成费用到账不成功，将影响参保人五险待遇享受。												

补缴金额中：其中公务员补助　0　其中个人部分：　0　其中单位部分：　0

公务员补助划拨生育金额：　0　生育保险人数：　公务员人数：　非公务员人数：　45

（注：此表由丹东市人力资源和社会保障局最终核定，并在丹东华星纺织品有限公司人力资源部留存，作为该企业11月份网上申报应缴社会保险费的依据，不可作为原始凭证）

表 3-10

丹东市住房公积金汇补缴款书

202×年 11 月 14 日　　　　附清册　页

单位全称	丹东华星纺织品有限公司	公积金账号	16053678	缴存月份	202×年 11 月
付款行	工行丹东市振安支行	付款账号	216003010024068576	联系电话	3235668

上月缴存		本月增加缴存		本月减少缴存		本月缴存		本月补缴	
人数	金额	人数	金额	人数	金额	人数	金额	人数	金额
						45	20 120.00		

缴存补缴总额	人民币（大写）贰万零壹佰贰拾元整	百	十	万	千	百	十	元	角	分
				2	0	1	2	0	0	0

支票号码 经办人：　　单位盖章	复核人： 管理中心盖章

第二联　单位作记账凭证

主管　　会计　　记账　　入账时间　　年　月　日

表 3-11

中国工商银行电子缴税付款凭证

转账日期：202×年 11 月 14 日　　　　凭证字号：3401725896

纳税人全称及纳税人识别号：丹东华星纺织品有限公司　91210605679865612H

付款人全称：丹东华星纺织品有限公司

付款人账号：216003010024068576　　征收机关名称：丹东市税务局振安分局

付款人开户银行：工行丹东市振安支行　　收款国库（银行）名称：国家金库丹东市振安区支库

小写（合计）金额：￥20 120.00　　缴款书交易流水号：75883442

大写（合计）金额：贰万零壹佰贰拾元整　　税票号码：106532439786554613

税（费）名称	所属日期	实缴金额
住房公积金（单位）	202×1101-202×1130	￥10 060.00
住房公积金（个人）	202×1101-202×1130	￥10 060.00

第　1　次打印　　　　打印时间：202×年 11 月 14 日 14:23

第二联　作付款回单（无银行收讫章无效）　　复核　　记账

二维码 3-4

答案解析

表 3-12

中国工商银行电子缴税付款凭证

转账日期：202×年 11 月 14 日　　　　凭证字号：3401725897

纳税人全称及纳税人识别号：丹东华星纺织品有限公司　91210605679865612H

付款人全称：丹东华星纺织品有限公司

付款人账号：216003010024068576　　征收机关名称：丹东市税务局振安分局

付款人开户银行：工行丹东市振安支行　　收款国库（银行）名称：国家金库丹东市振安区支库

小写（合计）金额：￥1 307.79　　缴款书交易流水号：75883443

大写（合计）金额：壹仟叁佰零柒元柒角玖分　　税票号码：106532439786554614

税（费）名称	所属日期	实缴金额
工伤保险费	202×1101-202×1130	￥1 307.79

第　1　次打印　　　　打印时间：202×年 11 月 14 日 14:23

第二联　作付款回单（无银行收讫章无效）　　复核　　记账

二维码 3-5

答案解析

表 3-13

中国工商银行电子缴税付款凭证

转账日期：202×年 11 月 14 日　　凭证字号：3401725898

纳税人全称及纳税人识别号：丹东华星纺织品有限公司　91210605679865612H
付款人全称：丹东华星纺织品有限公司
付款人账号：216003010024068576　　征收机关名称：丹东市税务局振安分局
付款人开户银行：工行丹东市振安支行　　收款国库（银行）名称：国家金库丹东市振安区支库
小写（合计）金额：¥1 006.00　　缴款书交易流水号：75883444
大写（合计）金额：壹仟零陆元整　　税票号码：106532439786554615

税（费）名称	所属日期	实缴金额
失业保险费（单位）	202×1101-202×1130	¥503.00
失业保险费（个人）	202×1101-202×1130	¥503.00

第 1 次打印　　打印时间：202×年 11 月 14 日 14:23

第二联　作付款回单（无银行收讫章无效）　　复核　　记账

二维码 3-6
答案解析

表 3-14

中国工商银行电子缴税付款凭证

转账日期：202×年 11 月 14 日　　凭证字号：3401725899

纳税人全称及纳税人识别号：丹东华星纺织品有限公司　91210605679865612H
付款人全称：丹东华星纺织品有限公司
付款人账号：216003010024068576　　征收机关名称：丹东市税务局振安分局
付款人开户银行：工行丹东市振安支行　　收款国库（银行）名称：国家金库丹东市振安区支库
小写（合计）金额：¥24 143.76　　缴款书交易流水号：75883445
大写（合计）金额：贰万肆仟壹佰肆拾叁元柒角陆分　　税票号码：106532439786554616

税（费）名称	所属日期	实缴金额
企业基本养老保险费	202×1101-202×1130	¥16 095.84
个人基本养老保险费	202×1101-202×1130	¥8 047.92

第 1 次打印　　打印时间：202×年 11 月 14 日 14:23

第二联　作付款回单（无银行收讫章无效）　　复核　　记账

二维码 3-7
答案解析

表 3-15

中国工商银行电子缴税付款凭证

转账日期：202×年 11 月 14 日　　凭证字号：3401725900

纳税人全称及纳税人识别号：丹东华星纺织品有限公司　91210605679865612H
付款人全称：丹东华星纺织品有限公司
付款人账号：216003010024068576　　征收机关名称：丹东市税务局振安分局
付款人开户银行：工行丹东市振安支行　　收款国库（银行）名称：国家金库丹东市振安区支库
小写（合计）金额：¥9 053.91　　缴款书交易流水号：75883446
大写（合计）金额：玖仟零伍拾叁元玖角壹分　　税票号码：106532439786554617

税（费）名称	所属日期	实缴金额
医疗保险费（单位）	202×1101-202×1130	¥7 041.93
医疗保险费（个人）	202×1101-202×1130	¥2 011.98

第 1 次打印　　打印时间：202×年 11 月 14 日 14:23

第二联　作付款回单（无银行收讫章无效）　　复核　　记账

二维码 3-8
答案解析

表 3-16

中国工商银行电子缴税付款凭证

转账日期：202×年 11 月 14 日　　　　凭证字号：3401725901

纳税人全称及纳税人识别号：丹东华星纺织品有限公司　91210605679865612H
付款人全称：丹东华星纺织品有限公司
付款人账号：216003010024068576　　征收机关名称：丹东市税务局振安分局
付款人开户银行：工行丹东市振安支行　　收款国库（银行）名称：国家金库丹东市振安区支库
小写（合计）金额：￥503.00　　缴款书交易流水号：75883447
大写（合计）金额：伍佰零叁元整　　税票号码：106532439786554618

税（费）名称	所属日期	实缴金额
生育保险费	202×1101-202×1130	￥503.00

第　1　次打印　　　　打印时间：202×年 11 月 14 日 14:23

第二联　作付款回单（无银行收讫章无效）　　复核　　记账

二维码
3-9
答案解析

表 3-17

中国工商银行电子缴税付款凭证

转账日期：202×年 11 月 14 日　　　　凭证字号：3401725902

纳税人全称及纳税人识别号：丹东华星纺织品有限公司　91210605679865612H
付款人全称：丹东华星纺织品有限公司
付款人账号：216003010024068576　　征收机关名称：丹东市税务局振安分局
付款人开户银行：工行丹东市振安支行　　收款国库（银行）名称：国家金库丹东市振安区支库
小写（合计）金额：￥2 011.98　　缴款书交易流水号：75883448
大写（合计）金额：贰仟零壹拾壹元玖角捌分　　税票号码：106532439786554619

税（费）名称	所属日期	实缴金额
工会经费	202×1101-202×1130	￥2 011.98

第　1　次打印　　　　打印时间：202×年 11 月 14 日 14:23

第二联　作付款回单（无银行收讫章无效）　　复核　　记账

二维码
3-10
答案解析

实训项目四　辅助生产费用的计算与分配

实训任务一　按交互分配法分配辅助生产费用

【实训目的】

通过实训使学生掌握辅助生产费用交互分配法的工作原理，熟练掌握交互分配法下辅助生产费用的归集分配程序及账务处理方法。

【实训资料】

1.丹东华星纺织品有限公司有关辅助生产费用资料见实训项目一、实训项目二和实训项目三。

2.丹东华星纺织品有限公司辅助生产费用分配采用一次交互分配法。

3.该公司辅助生产车间供应劳务及受益情况汇总表，见表4-1-1。

【实训要求】

1.根据实训项目一、实训项目二和实训项目三的相关资料及辅助生产成本明细账的登记情况确定本月各辅助生产车间的直接费用额。

2.根据表4-1-1提供的劳务情况，编制表4-1-2“辅助生产费用分配表”，费用分配率保留四位小数。

3.根据表4-1-2编制记账凭证，进行辅助生产费用分配的相关账务处理。

4.根据上述记账凭证登记各车间的成本费用明细账。

【知识链接】

交互分配法是先根据各辅助生产车间、部门相互提供劳务的数量和交互分配前的费用计算出分配率（单位成本），进行一次交互分配；然后将各辅助生产车间、部门交互分配后的实际费用（即交互分配前的费用加上交互分配转入的费用，减去交互分配转出的费用）按对外提供劳务的数量，在辅助生产车间、部门以外的各受益单位之间进行分配。

其有关计算步骤为：

（1）辅助生产车间之间进行费用的交互分配。

计算公式：

$$\text{某辅助生产车间费用交互分配率}=\frac{\text{某辅助生产车间交互分配前待分配费用总额}}{\text{辅助生产车间对所有部门提供的劳务总量}}$$

$$\begin{matrix}\text{某辅助生产车间应负}\\\text{担的其他辅助生产费用}\end{matrix}=\begin{matrix}\text{该辅助生产车间耗用}\\\text{其他辅助生产车间劳务量}\end{matrix}\times\text{交互分配率}$$

（2）将交互分配后的辅助生产车间的实际费用对外分配。

计算公式：

$$\begin{matrix}\text{某辅助生产车间}\\\text{对外分配费用}\end{matrix}=\begin{matrix}\text{该辅助生产车间交互分配}\\\text{前待分配费用总额}\end{matrix}+\begin{matrix}\text{交互分配}\\\text{转入的费用}\end{matrix}-\begin{matrix}\text{交互分配转出}\\\text{的费用}\end{matrix}$$

$$某辅助生产车间费用对外分配率=\frac{某辅助生产车间对外分配费用}{辅助生产车间对外提供劳务数量之和}$$

某受益对象应负担的劳务费用=该受益对象耗用的劳务数量×辅助生产车间费用对外分配率

采用交互分配法，由于辅助生产车间内部相互提供的劳务进行了交互分配，因而提高了分配结果的准确性。但由于各种辅助生产车间费用都要计算两个费用分配率，进行两次分配，特别是在辅助生产车间较多的情况下，加大了分配的工作量。因此，这种方法适用于辅助生产车间之间相互提供产品和劳务的数量较多的情况。

表 4-1-1

辅助生产车间劳务供应情况汇总表

202×年 11 月

受益对象 \ 辅助生产车间		锅炉车间（m^3）	供水车间（吨）
织布车间	一般耗用	1 200	1 000
染色车间	罗纹布	5 000	8 000
	氨纶汗布	8 000	12 000
	一般耗用	1 000	1 000
定型车间	罗纹布	3 600	4 000
	氨纶汗布	7 800	6 500
	一般耗用	1 400	1 000
锅炉车间			302
供水车间		220	
管理部门		2 400	2 740
合计		30 620	36 542

表 4-1-2

辅助生产费用分配表（交互分配法）

202×年 11 月

金额单位：元

项目			交互分配					对外分配				
			锅炉车间		供水车间		金额合计	锅炉车间		供水车间		金额合计
			数量（m^3）	金额	数量（吨）	金额		数量（m^3）	金额	数量（吨）	金额	
待分配费用												
劳务供应量												
费用分配率												
辅助生产成本	锅炉车间											
	供水车间											
	小计											
基本生产成本	染色车间	罗纹布										
		氨纶汗布										
	定型车间	罗纹布										
		氨纶汗布										
制造费用	织布车间											
	染色车间											
	定型车间											
管理费用												
对外分配金额合计												

会计主管：　　　审核：　　　制表：

二维码 4-1-1

答案解析

实训任务二　按直接分配法分配辅助生产费用

【实训目的】

通过实训使学生掌握辅助生产费用直接分配法的工作原理，熟练掌握直接分配法下辅助生产费用的分配程序及账务处理方法。

【实训资料】

1.假设丹东华星纺织品有限公司各辅助生产车间费用经归集后情况如下：锅炉车间本月直接费用18 240元，供水车间本月直接费用18 120元，该公司辅助生产费用采用直接分配法。

2.各辅助生产车间提供的劳务情况同交互分配法，具体见表4-1-1。

【实训要求】

1.根据表4-1-1提供的劳务情况，编制表4-2-1“辅助生产费用分配表”。

2.根据表4-2-1编制记账凭证，进行辅助生产费用分配的相关账务处理。

【知识链接】

直接分配法是指不计算辅助生产车间相互提供产品和劳务的费用，直接将辅助生产车间发生的实际费用分配给辅助生产车间以外的各受益对象。其计算公式为：

$$\text{某辅助生产车间费用分配率}=\frac{\text{某辅助生产车间待分配费用总额}}{\text{辅助生产车间对外提供劳务数量之和}}$$

某受益对象应负担的劳务费用=该受益对象耗用的劳务数量×辅助生产车间费用分配率

采用直接分配法，各辅助生产车间的待分配费用只对其以外的单位分配一次，计算工作简便；但由于各辅助生产车间包括的费用不全，因而分配结果不够准确。直接分配法一般适宜在辅助生产车间内部相互提供劳务不多、不进行费用的交互分配、对辅助生产成本和企业产品成本影响不大的情况下采用。

表 4-2-1

辅助生产费用分配表（直接分配法）

202×年 11 月　　　　金额单位：元

项目			锅炉车间		供水车间	
			数量（m^3）	金额	数量（吨）	金额
待分配费用						
劳务供应量						
费用分配率						
基本生产成本	染色车间	罗纹布				
		氨纶汗布				
	定型车间	罗纹布				
		氨纶汗布				
制造费用	织布车间					
	染色车间					
	定型车间					
管理费用						
合计						

会计主管：　　　　审核：　　　　制表：

二维码
4-2-1

答案解析

实训任务三　按计划成本分配法分配辅助生产费用

【实训目的】

通过实训使学生掌握辅助生产费用计划成本分配法的工作原理，熟练掌握计划成本分配法下辅助生产费用的分配程序及账务处理方法。

【实训资料】

1.假设丹东华星纺织品有限公司各辅助生产车间费用经归集后情况如下：锅炉车间本月直接费用18 340元，供水车间本月直接费用18 120元，该厂辅助生产费用分配采用计划成本分配法，其中锅炉车间供气的计划单位成本为0.6元/m^3，供水车间供水的计划单位成本为0.5元/吨，各辅助车间分配费用产生的成本差异额全部计入管理费用。

2.各辅助生产车间提供的劳务情况同交互分配法，具体见表4-1-1。

【实训要求】

1.根据以上资料，编制表4-3-1“辅助生产费用分配表”。

2.根据表4-3-1编制记账凭证，进行辅助生产费用分配的相关账务处理。

【知识链接】

计划成本分配法是指在分配辅助生产费用时，根据事先确定的产品、劳务的计划单位成本和各车间、部门实际耗用的数量，计算各车间、部门应分配的辅助生产费用的一种方法。

按计划成本分配法分配辅助生产费用的步骤及计算公式如下：

（1）按计划单位成本计算各受益对象应负担的辅助生产费用。

$$\text{某辅助生产车间应负担的其他辅助生产费用}=\frac{\text{该辅助生产车间耗用}}{\text{其他辅助生产车间劳务量}}\times\text{计划单位成本}$$

（2）计算各辅助生产车间的实际费用。

某辅助生产车间实际发生的费用=该辅助生产车间直接发生的费用+分配转入的费用

（3）计算各辅助生产车间的成本差异。

某辅助生产车间的成本差异=实际发生的费用-按计划成本分配的费用

（4）分配差异额。

差异额理论上应当在各受益部门之间进行补充分配，但为了简化工作，可直接列入“管理费用”。如果是超支差异，应增加管理费用；如果是节约差异，则应冲减管理费用。

采用计划成本分配法分配辅助生产费用，各种辅助生产费用只分配一次，而且劳务的计划单位成本是早已确定的，不必单独计算费用分配率，因而简化了计算工作；通过辅助生产成本差异的计算，还能反映和考核辅助生产成本计划的执行情况；由于辅助生产的成本差异全部计入管理费用，各受益单位、部门所负担的劳务费用都不包括辅助生产成本差异的因素，因而还便于分析和考核各受益单位的成本，有利于分清企业内部各单位的经济责任。只是采用这种分配方法时，辅助生产费用的计划单位成本应比较准确。因此，它适合于厂内计划价格制定比较准确、基础工作较好的企业。

【思政案例4】

大学生小张，毕业后应聘到凯驰机床有限责任公司财务部工作，公司安排他协助成本会计李莉从事成本会计核算工作。该公司有三个基本生产车间，分别是铸造车间、机加工车间、装配车间，两个辅助生产车间，分别是机修车间和供电车间，辅助生产费用采用交互分配法分配。

期末小张在李莉的指导下，进行辅助生产费用的归集和分配，在辅助生产费用归集过程中，小张错将供电车间设备的折旧费计入机修车间，经李莉检查，才发现错误，同时在计算供电车间费用对外分配率时也发生了错误，经过多次查找错误和修改，小张才正确完成了辅助生产费用的分配。经过这次工作实践，小张产生了一些消极情绪，没想到自己平时认为很简单的工作，竟然如此烦琐。李莉发现小张的情绪变化，就及时开导他说："成本会计核算是一项复杂的工作，辅助生产费用的分配只是成本核算的一小部分内容，以后还有许多工作要做，只有在工作中不断磨砺自己的韧性和耐力，提升自身的业务水平，具有认真细致、吃苦耐劳的敬业精神，才能胜任成本会计工作。"小张听完李莉的劝导，也对会计职业有了新的认识，下决心要全身心投入，更快适应工作岗位，成为一名合格的成本会计。

思考问题：

1. 如何使用交互分配法分配辅助生产费用？

2. 从会计职业道德"爱岗敬业""提高技能"的角度，谈谈你对会计职业的认识。

表 4-3-1

辅助生产费用分配表（计划成本分配法）

202×年 11 月　　　　金额单位：元

<table>
<tr><td colspan="3" rowspan="2">项　目</td><td colspan="2">锅炉车间</td><td colspan="2">供水车间</td></tr>
<tr><td>数量（m^3）</td><td>金额</td><td>数量（吨）</td><td>金额</td></tr>
<tr><td colspan="3">待分配费用</td><td></td><td></td><td></td><td></td></tr>
<tr><td colspan="3">劳务供应量</td><td></td><td></td><td></td><td></td></tr>
<tr><td colspan="3">计划单位成本</td><td colspan="2"></td><td colspan="2"></td></tr>
<tr><td rowspan="2">辅助生产成本</td><td colspan="2">锅炉车间</td><td></td><td></td><td></td><td></td></tr>
<tr><td colspan="2">供水车间</td><td></td><td></td><td></td><td></td></tr>
<tr><td rowspan="4">基本生产成本</td><td rowspan="2">染色车间</td><td>罗纹布</td><td></td><td></td><td></td><td></td></tr>
<tr><td>氨纶汗布</td><td></td><td></td><td></td><td></td></tr>
<tr><td rowspan="2">定型车间</td><td>罗纹布</td><td></td><td></td><td></td><td></td></tr>
<tr><td>氨纶汗布</td><td></td><td></td><td></td><td></td></tr>
<tr><td rowspan="3">制造费用</td><td colspan="2">织布车间</td><td></td><td></td><td></td><td></td></tr>
<tr><td colspan="2">染色车间</td><td></td><td></td><td></td><td></td></tr>
<tr><td colspan="2">定型车间</td><td></td><td></td><td></td><td></td></tr>
<tr><td colspan="3">管理费用</td><td></td><td></td><td></td><td></td></tr>
<tr><td colspan="3">按计划成本分配合计</td><td></td><td></td><td></td><td></td></tr>
<tr><td colspan="3">辅助生产实际成本</td><td></td><td></td><td></td><td></td></tr>
<tr><td colspan="3">辅助生产成本差异</td><td></td><td></td><td></td><td></td></tr>
</table>

会计主管：　　　　审核：　　　　制表：

二维码
4-3-1
答案解析

实训项目五　制造费用的计算与分配

实训任务一　按生产工时、工资比例分配制造费用

【实训目的】

通过实训使学生掌握制造费用按生产工时和生产工人工资比例法分配的工作原理，熟练掌握制造费用在两种分配方法下的分配程序及账务处理方法。

【实训资料】

1.丹东华星纺织品有限公司织布车间制造费用采用生产工人工资比例法分配。

2.该公司染色车间和定型车间的制造费用采用生产工人工时比例法分配。

【实训要求】

1.根据实训项目一、实训项目二、实训项目三、实训项目四的相关资料及制造费用明细账的登记情况确定本月各车间的制造费用发生额。

2.根据实训项目二中表2-14计算的工资费用分配织布车间的制造费用，并编制表5-1-1。

3.根据实训项目二中表2-6提供的染色车间和定型车间各产品生产工时，分配各车间的制造费用，并编制表5-1-2。

4.根据表5-1-1和表5-1-2编制记账凭证，进行制造费用分配的相关账务处理。

5.根据上述记账凭证登记各车间的成本费用明细账。

【知识链接】

如果一个生产车间只生产一种产品，那么所发生的制造费用直接计入该种产品的成本。如果一个生产车间生产多种产品，那么所发生的制造费用应采用适当的分配方法分配计入各种产品的成本。在企业的组织机构分为总厂、分厂和车间等若干层次的情况下，分厂发生的制造费用也应比照车间发生的制造费用进行分配。

制造费用分配的方法很多，通常采用的分配方法有生产工人工时比例分配法、生产工人工资比例分配法、机器工时比例分配法、年度计划分配率分配法和标准机器工时比例分配法等。下面简单介绍前两种方法。

一、生产工人工时比例分配法

生产工人工时比例分配法是按照各种产品所用生产工人实际工时的比例分配制造费用的一种方法。按生产工人工时比例分配制造费用，与按生产工人工时比例分配工资费用一样，也能将劳动生产率与产品负担的费用水平联系起来，使分配结果比较合理。其计算步骤及公式为：

（一）计算分配率

$$制造费用分配率=\frac{该车间制造费用总额}{该车间生产工时总数}$$

（二）计算某产品应负担的制造费用

某产品应负担的制造费用=该产品生产工时数×制造费用分配率

该方法的优点是生产工人工时的资料比较容易取得，核算工作很简便；缺点是若各种产品的机械化程度不同，会影响费用分配的合理性。因此，这种方法适用于各种产品加工过程中机械化程度相差不多的企业。

二、生产工人工资比例分配法

生产工人工资比例分配法是按照计入各种产品成本的生产工人实际工资的比例分配制造费用的一种方法。由于生产工人工资的资料比较容易取得，因而采用这一分配方法，核算工作较简便。但是采用这种方法，各种产品的机械化程度应该相差不多，否则会影响费用分配的合理性。其计算步骤及公式如下：

（一）计算分配率

$$制造费用分配率=\frac{该车间制造费用总额}{该车间生产工人实际工资总额}$$

（二）计算某产品应分配的制造费用

某产品应分配的制造费用=该产品生产工人工资数×制造费用分配率

如果生产工人工资是按照生产工时比例分配计入各种产品成本的，那么，按照生产工人工资比例分配制造费用，实际上也就是按照生产工人工时比例分配制造费用。

表 5-1-1

制造费用分配表

部门：织布车间　　202×年 11 月　　金额单位：元

产品名称	生产工人工资	分配率	分配额
罗纹布			
氨纶汗布			
合计			

会计主管：　　审核：　　制表：

二维码 5-1-1
答案解析

表 5-1-2

制造费用分配表

202×年 11 月　　金额单位：元

车间	产品	生产工人工时	分配率	分配额
染色车间	罗纹布			
	氨纶汗布			
	小计			
定型车间	罗纹布			
	氨纶汗布			
	小计			

会计主管：　　审核：　　制表：

二维码 5-1-2
答案解析

实训任务二　按年度计划分配率法分配制造费用

【实训目的】

通过实训使学生掌握制造费用按年度计划分配率法分配的工作原理，熟练掌握制造费用在该种分配方法下的分配程序及账务处理方法。

【实训资料】

1. 甜蜜冷饮厂生产车间采用年度计划分配率法分配制造费用。该车间202×全年计划制造费用总额120 000元，全年计划生产情况和12月份生产情况见表5-2-1。

2. 该车间1—11月份制造费用实际发生额为113 400元，雪糕产品按年度计划分配率已分配制造费用45 720元，饮料产品已分配68 760元。

【实训要求】

1. 根据表5-2-1编制表5-2-2“全年计划制造费用分配表”。

2. 根据表5-2-1和表5-2-2编制表5-2-3“12月份计划制造费用分配表”。

3. 年末，按雪糕、饮料两类产品全年已分配的制造费用计划成本，调整该车间全年实际发生的制造费用与按年度计划分配率分配的制造费用之间的差异额，将计入两种产品的制造费用调整为实际成本，并编制表5-2-4。

4. 根据表5-2-3和表5-2-4进行12月份制造费用分配和年终调整差异额的账务处理。

【知识链接】

年度计划分配率法是指按年度开始前预先制定的年度计划分配率分配以后各月制造费用的一种方法。假定以定额工时作为分配标准，其计算步骤及公式如下：

一、计算年度计划分配率

$$制造费用年度计划分配率=\frac{年度制造费用计划总额}{年度各种产品计划产量的定额工时总数}$$

二、计算某产品某月应负担的制造费用

某产品某月应负担的制造费用=该产品该月实际工时数×年度计划分配率

三、年末，调整制造费用实际发生额与计划分配额的差异额

差异额=全年制造费用实际发生额-按年度计划分配率分配的制造费用

$$制造费用差异额分配率=\frac{差异额}{按年度计划分配率分配的制造费用}$$

某产品应分配的差异额=该产品按年度计划分配率分配的制造费用×差异额分配率

这种分配方法的产量之所以要以定额工时为标准，是因为各种产品的产量不能直接相加。采用这种分配方法，不管各月实际发生的制造费用是多少，每月各种产品中的制造费用都按年度计划分配率分配，因此制造费用明细账及总账账户月末可能有借方余额，也可能有贷方余额。借方余额表示超过计划的预付费用，贷方余额表示按照计划未付的费用。采用这种分配方法时，“制造费用”账户如果有年末余额，就是全年制造费用的实际发生额与计划分配额的差额，一般应在年末调整计入12月份的产品成本，借记“基本生产成本”账户，贷记“制造费用”账户；如果实际发生额大于计划分配

额，用蓝字补加，否则用红字冲减。但在年度内如果发现全年的制造费用实际数和产量实际数与计划数存在较大差额，应及时调整年度计划分配率。

这种方法的优点是年度计划分配率已经预先制定，核算工作比较简便；缺点是若年度计划数脱离实际太大，会影响各月成本计算的准确性。这种方法适用于季节性生产企业，以便使企业淡季和旺季的制造费用比较均衡地计入产品生产成本。

【思政案例5】

光华机床有限责任公司预计本年将发生亏损，为此财务负责人张强要求成本会计小王做出以下调账事项：将办公室使用的一台1.5万元复印机调入生产车间，复印机折旧费计入制造费用；以公司办公楼有部分车间管理人员在此办公为由，将公司办公楼的折旧费计入制造费用；又以部分公司管理人员和车间工作联系紧密为由，将这些管理人员的职工薪酬计入车间制造费用。张强认为通过调账可以在合理的范围内增加企业产品成本，降低期间费用，既不违反会计核算要求，又达到了调整利润的目的。而成本会计小王认为这种做法是在单位完不成利润指标时，从自身利益出发，用不正当手段虚增利润，不能如实地反映企业的经营成果，是违背会计人员职业道德的行为，是不可取的。

思考问题：

1. 本案例中财务负责人张强和成本会计小王的做法谁是正确的？为什么？案例中有哪些违背会计职业道德的问题？

2. 如果你是小王，你会如何处理这个问题？

表 5-2-1

车间生产情况表

全年计划生产情况			12 月份生产情况	
产品名称	产量	工时定额（小时）	产量	实际发生制造费用（元）
雪糕产品	400 000	0.04	19 000	
饮料产品	800 000	0.03	36 000	
合计				5 400

表 5-2-2

全年计划制造费用分配表

202×年 12 月　　金额单位：元

产品名称	产量	工时定额	总工时	分配率	分配额
雪糕产品					
饮料产品					
合　计					

会计主管：　　审核：　　制表：

二维码 5-2-1 答案解析

表 5-2-3

12 月份计划制造费用分配表

202×年 12 月　　金额单位：元

产品名称	产量	工时定额	总工时	分配率	分配额
雪糕产品					
饮料产品					
合　计					

会计主管：　　审核：　　制表：

二维码 5-2-2 答案解析

表 5-2-4

年度制造费用差异额分配表

202×年 12 月　　金额单位：元

产品名称	计划分配额	实际发生额	差异额	差异额分配率	调整差异额
雪糕产品					
饮料产品					
合　计					

会计主管：　　审核：　　制表：

二维码 5-2-3 答案解析

实训项目六　废品损失的计算与分配

【实训目的】

通过实训使学生熟悉废品损失的归集和分配方法，掌握单独设置账户核算模式下的废品损失核算方法。

【实训资料】

1. 沿海机械厂废品损失按实际成本法单独进行核算。本月共生产铁铸件150吨，其中包括不可修复废品3吨。铁铸件的合格品与废品在生产过程中共发生直接材料费用450 000元，材料费用在生产开始时一次性投入。共同发生的直接人工为90 000元，制造费用为60 000元，耗用生产工时3 000小时。其合格品与废品的材料费用按产量比例分配，人工费用和制造费用按工时比例分配。

2. 本月不可修复废品——铁铸件的工时、赔款及残料价值情况见表6-2、表6-3和表6-5。

3. 本月组装车间修复5台可修复废品——A10，其修复过程中发生的材料费用见表6-6和表6-7，人工费用见表6-4。

【实训要求】

1. 根据表6-1和表6-2“废品通知单”设置“废品损失——铁铸件”明细账、“废品损失——A10”明细账。

2. 根据表6-1至表6-7以及上述实训资料，编制表6-8“不可修复废品损失计算表”。

3. 根据表6-1至表6-7以及上述实训资料，编制表6-9“可修复废品损失计算表”。

4. 根据以上资料编制记账凭证，进行废品损失的相关账务处理。

5. 根据上述记账凭证登记“废品损失——铁铸件”明细账、“废品损失——A10”明细账。

【知识链接】

废品是指因质量不符合规定的标准或技术条件、不能按原定用途使用或需加工修复后才能使用的产成品、半成品、零部件等。废品按修复在技术上的可能性和在经济上的合理性，分为可修复废品和不可修复废品。废品损失是指由于产生废品而发生的损失，包括可修复废品的修复费用和不可修复废品的净损失。

一、废品损失的核算形式

（一）不单独核算的废品损失

有些简单生产的制造企业，在产品的生产过程中，不易发生废品，或即使发生废品，损失额也比较小，而且管理上不需要单独考核废品损失。这时为了简化核算，可以采用不单独核算废品损失的方法。

在不单独核算废品损失的制造企业中，可修复废品的修复费用，应直接记入“基本生产成本”账户的有关成本项目；不可修复废品只扣除产量，不结转成本；废品的残料价值和过失人赔款可直接冲减相应“基本生产成本”明细账中的“直接材料”和“直接人工”成本项目。

（二）单独核算的废品损失

在大、中型复杂生产的制造企业中，产品生产易发生废品，而且管理上也要求单独考核废品损失及其相关成本项目的费用，这时可以采用单独核算废品损失的方法。在单独核算废品损失的企业中，可以设置“废品损失”总账账户，也可以在“基本生产成本”总账账户下设“废品损失”二级账户，并按成本项目设专栏进行核算。同时，在“基本生产成本”明细账中，还应增设“废品损失”成本项目，以便单独反映废品损失的费用情况。“废品损失”账户核算内容如下：

借方　　　　　　废品损失	贷方
可修复废品的修复费用 不可修复废品的实际生产成本	废品材料价值 过失人赔款 计入当期产品成本的净损失
月末无余额	

单独核算废品损失的企业，由于废品的种类不同，核算方法也不相同，下面分别予以介绍。

二、不可修复废品损失的计算

为了归集和分配不可修复的废品损失，必须首先计算废品的生产成本。废品成本是指企业生产过程中截至报废时所耗费的一切费用，扣除废品的残值和应收赔款后，应计入该种产品成本的废品净损失。由于不可修复废品的成本与合格品的成本是同时发生并归集在一起的，因此需要采用一定的方法予以确定。通常有两种方法：一是按废品所耗实际成本计算；二是按废品所耗定额成本计算。

（一）按废品所耗实际成本计算

1.完工入库时发生废品。当不可修复废品发生在完工入库时，单位合格品与单位废品应负担相同的费用，因而可以按合格品与废品的产量作为分配标准进行分配。其计算公式为：

某项生产费用分配率=该项生产费用÷（合格品产量+废品产量）

废品应负担的生产费用=废品产量×分配率

2.生产过程中发生废品。如果废品发生在生产过程中，应根据投料程度和加工程度进行分配。假如原材料是在生产开始时一次性投入的，合格品和废品负担相同的材料费用，即直接材料费用可按产量作为分配标准。直接人工和制造费用则可以按生产工时作为分配标准。其计算公式为：

直接材料费用分配率=直接材料费用总额÷（合格品产量+废品产量）

废品应负担的直接材料费用=直接材料费用分配率×废品产量

直接人工（制造费用）分配率=直接人工（制造费用）总额÷（合格品生产工时+废品生产工时）

废品应负担的直接人工（制造费用）=废品生产工时×直接人工（制造费用）分配率

不可修复废品损失按实际成本计算，其结果较为准确，但工作量较大，并且只能在月末生产费用算出后才能进行，不利于及时控制废品损失。

（二）按废品所耗定额成本计算

在消耗定额和费用定额比较健全的制造企业，也可以按废品的定额成本，即按废品的实际数量和各项消耗定额、费用定额计算不可修复废品的生产成本，实际成本与定额成本的差异全部由合格品负担。

不可修复废品净损失的计算公式如下：

不可修复废品的净损失=不可修复废品的生产成本−不可修复废品的残值−应收过失人赔款

三、可修复废品损失的计算

可修复废品损失是指废品在修复过程中发生的所有修复费用，包括修复过程中耗用的材料费用、发生的人工费用和制造费用。

可修复废品修复费用的归集根据直接材料、直接人工和制造费用分配表的分配结果，记入“废品损失”账户的借方。修复费用中应由责任人赔偿的部分，应冲抵废品损失，从贷方转入“其他应收款”账户的借方。账户的借方余额为可修复废品的净损失，与本月不可修复废品的净损失合计后转入“基本生产成本——××产品”账户的“废品损失”成本项目。

可修复废品净损失的计算公式如下：

可修复废品净损失=修复费用-过失人赔款

【思政案例6】

张林接任曙光公司车间成本核算员，上任后发现车间成本核算存在以下问题：(1) 本公司采用限额领料制，但是月末还有5 000元的原材料未使用完毕，也没有退回库房；(2) 车间多年来生产产品存在许多边角余料，账上没有反应，车间主任自行销售后用作车间活动经费；(3) 企业规定领料单必须有企业总经理签字方可，但是在实际工作中，由于总经理经常出差，所以都是由财务科长模仿总经理签字。张林随后打电话向账务科长王丽汇报。财务科长指示如下：(1) 超额领用的原材料需要退回库房。(2) 车间的边角余料不用入账是该企业的习惯做法，各车间可以将此经费作为车间的小金库，反正都是用于车间集体的，不算违规。(3) 总经理经常不在公司，如必须等总经理签字才能领料，会影响产品生产，可以先领料，等总经理在的时候再统一补签字。尽管张林开始犹豫一下，但考虑企业一直都是这样做的，自己又是财务科的新人，不能挑领导的毛病，因此最后均予以接受。

思考问题：

1. 本案例中针对张林发现的问题，正确的核算和管理要求是什么？

2. 财务科长王丽和成本核算员张林各违背了哪些会计职业道德？如果你是张林，应如何解决这个问题？

表 6-1

废品通知单

车间：组装车间　　　　202×年 3 月

产品名称	计量单位	定额工时	废品数量	备注
A10	台	45	5	可修复废品

生产检查科：（章）

表 6-2

废品通知单

车间：铸造车间　　　　202×年 3 月

产品名称	计量单位	定额工时	废品数量	实际工时	备注
铁铸件	吨	20	3	60	工人操作疏忽，加工损坏报废

生产检查科：（章）

表 6-3

废品损失赔偿通知单

202×年 3 月　　　　单位：元

责任者姓名	工种	赔偿金额	备注
张鑫	翻砂工	150	经查属责任赔偿
王立	翻砂工	150	不可修复废品

检验员：邢越　　　　工作班长：高华

表 6-4

工资通知单

财务科：　　　　202×年 3 月　　　　金额单位：元

部门	产品名称	产品数量（台）	计件工资	合计	备注
组装车间	A10	5	160	800	可修复废品
明细见附表				企管科：（章） 202× 年 3 月	

表 6-5

沿海机械厂入库单

编号：3034

供货部门：　　　　202×年 3 月 20 日　　　　仓库：2 号

材料编号	材料名称	计量单位	请领数量	实发数量	单价（元）	金额（元）	用途
其他	铁铸件残料	吨				600	残料入库
合计						600	

供应单位：　　　　保管员：邱雨桐　　　　收料员：

表 6-6

沿海机械厂领料单

编号：3035

领料部门：组装车间　　　　202×年 3 月 20 日　　　　仓库：3 号

材料编号	材料名称	计量单位	请领数量	实发数量	单价（元）	金额（元）	用途
1104	轴承	套	5	5	100	500	修复废品
合计						500	

领料人：梁何秀　　　　发料人：周显青　　　　会计：孟丽凡

表 6-7

沿海机械厂领料单

编号：3036

领料部门：组装车间　　　　202×年 3 月 20 日　　　　仓库：3 号

材料编号	材料名称	计量单位	请领数量	实发数量	单价（元）	金额（元）	用途
1207	电器元件	套	1	1	660	660	修复废品
合计						660	

领料人：梁何秀　　　　发料人：周显青　　　　会计：孟丽凡

表 6-8

不可修复废品损失计算表

车间名称：铸造车间

产品名称：铁铸件　　　　202×年 3 月　　　　金额单位：元

项目	数量（吨）	直接材料	生产工时	直接人工	制造费用	合计
生产费用总额						
分配率						
废品生产成本						
减：残值						
减：赔款						
废品净损失						

二维码 6-1

答案解析

会计主管：　　　　审核：　　　　制表：

表 6-9

可修复废品损失计算表

车间名称：组装车间

产品名称：A10　　　　202×年 3 月　　　　金额单位：元

项目	数量	单价	直接材料	直接人工	制造费用	合计
轴承						
电器元件						
工资						
废品净损失						

二维码 6-2

答案解析

会计主管：　　　　审核：　　　　制表：

实训项目七　完工产品和月末在产品成本的计算与分配

实训任务一　约当产量法

【实训目的】

通过实训使学生熟悉生产费用的归集过程和方法，掌握约当产量法下生产费用在完工产品与月末在产品之间分配的方法及账务处理程序。

【实训资料】

1. 丹东华星纺织品有限公司织布车间有关生产费用资料见实训项目一任务一设置的罗纹布和氨纶汗布两个基本生产成本明细账。

2. 生产费用在完工产品和在产品之间的分配采用约当产量法，原材料在生产开始时一次性投入，在产品完工程度为50%。

【实训要求】

1. 根据实训项目一任务一设置的织布车间罗纹布和氨纶汗布两个基本生产成本明细账的登记内容，结计出本期生产费用发生额合计数。

2. 根据织布车间罗纹布和氨纶汗布两个基本生产成本明细账中生产费用发生额合计数及有关资料，编制表7-1-1和表7-1-2“半成品成本计算单”，计算出织布车间罗纹布和氨纶汗布等本月完工半成品的总成本和单位成本，并结转计入半成品库，登记“自制半成品成本明细账”。

3. 根据染色车间的罗纹布和氨纶汗布两个基本生产成本明细账的有关资料，编制表7-1-3和表7-1-4“产品成本计算单”，计算出染色车间罗纹布和氨纶汗布等完工产品的总成本和单位成本，并将完工产品成本结转记入定型车间罗纹布和氨纶汗布两个基本生产成本明细账中。

4. 根据定型车间的罗纹布和氨纶汗布两个基本生产成本明细账，登记表7-1-5和表7-1-6“产品成本计算单”，并计算两种完工产品成本。

5. 将织布车间本月的罗纹布和氨纶汗布半成品成本结转计入半成品库，填列表7-1-7“自制半成品成本汇总表”和表7-1-8“自制半成品入库单”，登记两种产品的“基本生产成本明细账”及“自制半成品成本明细账”，并进行账务处理。

6. 将定型车间本月的罗纹布和氨纶汗布产成品成本结转计入产成品库，并填列表7-1-9“产成品成本汇总表”和表7-1-10“产成品入库单”，登记两种产品的“基本生产成本明细账”并进行账务处理。

【知识链接】

一、在产品数量与完工产品成本计算的关系

在产品数量是核算在产品成本的基础。当某产品月末已全部完工，没有月末在产品时，该产品明细账中归集的所有费用就是其完工产品成本；当某产品月末全部未完工时，该产品成本明细账中归集

的所有费用就是该种在产品的成本；如果某产品月末部分完工，则该产品成本明细账中归集的费用，应采用适当的方法在完工产品和在产品之间进行分配。在产品成本与完工产品成本的计算关系可用以下两个公式表示：

公式一：期初在产品成本+本期发生的生产费用=本期完工产品成本+期末在产品成本

由公式一可知，前两项之和即生产产品累计发生的生产费用，应由完工产品和月末在产品共同负担，也就是在完工产品和月末在产品之间分配。根据上述公式中四个要素之间的关系，分配方法可以有两类：一类是将两项费用之和在完工产品与月末在产品之间按一定比例进行分配，同时计算完工产品成本和月末在产品成本；另一类是先确定月末在产品成本，再从前两项费用之和中减去月末在产品成本，计算完工产品成本。这类方法可用公式二表示如下：

公式二：本期完工产品成本=期初在产品成本+本期发生的生产费用-期末在产品成本

从公式二可以看出，各月末在产品数量及成本大小，对完工产品成本有着很大的影响。企业应根据生产过程的特点、在产品数量的多少、各月在产品数量变化的大小以及产品成本中各成本费用的比重大小等条件来选择适当的分配方法，正确计算完工产品成本与在产品成本。生产费用在完工产品和在产品之间分配常用的方法有：不计算在产品成本法、在产品成本按年初固定数计算法、在产品成本按所耗材料费用计算法、约当产量法、在产品按定额成本计价法、定额比例法及在产品按完工产品成本计价法等方法。

二、约当产量法

约当产量法是指将月末实际盘存的在产品数量，按其投料程度或完工程度折算成相当于完工产品的数量，然后将本月的生产费用按本月完工产品数量和月末在产品约当产量比例进行分配，从而计算出完工产品成本和月末在产品成本的方法。这种分配方法，适用于月末在产品数量较大，各月末在产品数量变化也较大，产品成本中直接材料费用和直接人工费用所占比重不一的产品制造企业。其计算公式为：

月末在产品约当产量=在产品数量×在产品完工程度（投料率）

$$某项费用分配率=\frac{月初在产品成本+本月发生的费用}{本月完工产品数量+月末在产品约当产量}$$

月末在产品应分配的费用=月末在产品约当产量×该项费用分配率

本月完工产品某项费用=完工产品产量×该项费用分配率

或 =月初在产品该费用+本月发生的该费用-月末在产品该费用

表 7-1-1

半成品成本计算单

车间名称：织布车间

产品名称：罗纹布　　　　202×年 11 月　　　　金额单位：元

项目	直接材料	直接人工	制造费用	合计
月初在产品成本				
本月生产费用				
生产费用合计				
约当总产量				
费用分配率（单位成本）				
完工产品成本				
月末在产品成本				

会计主管：　　　　审核：　　　　制表：

二维码 7-1-1

答案解析

表 7-1-2

半成品成本计算单

车间名称：织布车间

产品名称：氨纶汗布　　　　202×年 11 月　　　　金额单位：元

项目	直接材料	直接人工	制造费用	合计
月初在产品成本				
本月生产费用				
生产费用合计				
约当总产量				
费用分配率（单位成本）				
完工产品成本				
月末在产品成本				

会计主管：　　　　审核：　　　　制表：

二维码 7-1-2

答案解析

表 7-1-3

产品成本计算单

车间名称：染色车间

产品名称：罗纹布　　　　202×年 11 月　　　　金额单位：元

项目	半成品	直接材料	直接人工	制造费用	合计
月初在产品成本					
本月生产费用					
生产费用合计					
约当总产量					
费用分配率（单位成本）					
完工产品成本					
月末在产品成本					

会计主管：　　　　审核：　　　　制表：

二维码 7-1-3

答案解析

表 7-1-4

产品成本计算单

车间名称：染色车间

产品名称：氨纶汗布　　　　202×年 11 月　　　　金额单位：元

项目	半成品	直接材料	直接人工	制造费用	合计
月初在产品成本					
本月生产费用					
生产费用合计					
约当总产量					
费用分配率（单位成本）					
完工产品成本					
月末在产品成本					

会计主管：　　　　审核：　　　　制表：

二维码 7-1-4

答案解析

表 7-1-5

产品成本计算单

车间名称：定型车间

产品名称：罗纹布　　　　202×年 11 月　　　　金额单位：元

项目	半成品	直接材料	直接人工	制造费用	合计
月初在产品成本					
本月生产费用					
生产费用合计					
约当总产量					
费用分配率（单位成本）					
完工产品成本					
月末在产品成本					

会计主管：　　　　审核：　　　　制表：

二维码 7-1-5

答案解析

表 7-1-6

产品成本计算单

车间名称：定型车间

产品名称：氨纶汗布　　　　202×年 11 月　　　　金额单位：元

项目	半成品	直接材料	直接人工	制造费用	合计
月初在产品成本					
本月生产费用					
生产费用合计					
约当总产量					
费用分配率（单位成本）					
完工产品成本					
月末在产品成本					

会计主管：　　　　审核：　　　　制表：

二维码 7-1-6

答案解析

表 7-1-7

自制半成品成本汇总表

202×年 11 月　　金额单位：元

成本项目	罗纹布（　　千克）		氨纶汗布（　　千克）	
	总成本	单位成本	总成本	单位成本
直接材料				
直接人工				
制造费用				
合计				

二维码
7-1-7
答案解析

主管：　　审核：　　制表：

表 7-1-8

自制半成品入库单

缴库部门：织布车间　　202×年 11 月 30 日　　编号：

编号	产品名称	规格	单位	数量	单价（元）	金额（元）	备注

二维码
7-1-8
答案解析

主管：宋薇　　记账：　　验收：李华　　缴库部门主管：秦万星　　缴库：辛长龙

表 7-1-9

产成品成本汇总表

202×年 11 月　　金额单位：元

成本项目	罗纹布（　　千克）		氨纶汗布（　　千克）	
	总成本	单位成本	总成本	单位成本
直接材料				
直接人工				
制造费用				
合计				

二维码
7-1-9
答案解析

主管：　　审核：　　制表：

表 7-1-10

产成品入库单

缴库部门：定型车间　　202×年 11 月 30 日　　编号：

编号	产品名称	规格	单位	数量	单价（元）	金额（元）	备注

二维码
7-1-10
答案解析

主管：宋薇　　记账：　　验收：李华　　缴库部门主管：陆明阳　　缴库：任天鑫

实训任务二　在产品投料程度和完工程度的计算

【实训目的】

通过实训使学生掌握在产品投料程度和完工程度的计算方法，熟练地操作在产品投料程度、完工程度的计算以及约当产量法下完工产品成本和在产品成本的计算。

【实训资料】

1.江都车床厂202×年3月生产A铁部件，该产品经三道工序制成，各工序的工时定额见表7-2-1。

2.A铁部件生产过程中耗用的材料在各工序开始时一次性投入，各工序的材料费用定额见表7-2-2。

3.A铁部件本月完工8 000件，月末在产品600件，各工序的月末在产品数量见表7-2-3。

4.该产品的月初在产品成本及本月生产费用发生情况见表7-2-4。

【实训要求】

1.计算各工序在产品的完工程度，并据以计算在产品的约当产量，将结果填入表7-2-5。

2.计算各工序在产品的投料程度，并据以计算在产品的约当产量，将结果填入表7-2-6。

3.根据上述资料和计算结果采用约当产量法分配A铁部件的完工产品成本和月末在产品成本，将结果填入表7-2-7。

【知识链接】

采用约当产量法计算月末在产品成本时，由于在产品在生产过程中的加工程度和投料情况不同，因此必须按不同的成本项目分别计算在产品的约当产量。若要正确计算在产品的约当产量，首先必须确定投料程度和完工程度。

一、投料程度的确定

直接材料成本项目约当产量的确定，取决于产品生产过程中的投料程度。在产品的投料程度是指在产品已投材料占完工产品应投材料的百分比。在生产过程中材料投入形式通常有四种：一是在生产开始时一次性投入；二是在生产过程中陆续投入，且投入量与加工进度一致；三是在生产过程中陆续投入，且投入量与加工进度不一致；四是在生产过程中分工序一次性投入。由于投料形式不同，因此，在产品投料程度的确定方法也不同，现分别予以说明。

（一）原材料在生产开始时一次性投入

如果原材料在生产开始时一次性投入，即投料百分比为100%，此时不论在产品完工程度如何，其单位在产品耗用的原材料与单位完工产品耗用的原材料是相等的。因此，用以分配直接材料费用的在产品约当产量即为在产品的实际数量。

（二）原材料陆续投入，且投入量与加工进度一致

当原材料随生产过程陆续投入，且投入量与加工进度一致时，在产品投料程度的计算与完工程度的计算相同。因此，分配直接材料费用的在产品约当产量按完工程度折算。

（三）原材料陆续投入，且投入量与加工进度不一致

当原材料随生产过程陆续投入，且投入量与加工进度不一致时，原材料的投料程度应按每道工序的原材料投料定额计算。假设每道工序投料程度都为50%。其计算公式为：

$$某工序在产品投料程度=\frac{前面各道工序投料定额之和+本工序投料定额\times 50\%}{完工产品投料定额}\times 100\%$$

（四）原材料在各工序一次性投入

如果生产过程中，原材料不是在生产开始时一次性投入的，而是分工序一次性投入的，即在每道工序开始时一次性投入本工序所耗原材料，那么此时，各工序在产品耗用的原材料同完工产品耗用的原材料是相等的，即原材料在每道工序的投料程度为100%。月末在产品投料程度的计算公式如下：

$$某工序在产品投料程度=\frac{到本工序为止的累计投料定额}{完工产品投料定额}\times 100\%$$

二、完工程度的确定

对于直接人工和制造费用，也称加工费用，通常按完工程度计算约当产量。完工程度的确定通常有两种形式：

（一）按平均完工程度计算

当制造企业生产进度比较均衡，各道工序在产品数量和加工量上都相差不大时，后面各工序在产品多加工的程度可以弥补前面各工序少加工的程度。这样，全部在产品完工程度均可按50%平均计算。

（二）按各工序的累计工时定额占完工产品工时定额的比率计算

如果各工序在产品数量和加工量差别较大，后面各工序在产品多加工的程度不足以弥补前面各工序少加工的程度，则要按工序分别计算在产品的完工程度。其计算公式为：

$$某工序在产品完工程度=\frac{前面各道工序工时定额之和+本工序工时定额\times 50\%}{完工产品工时定额}\times 100\%$$

表 7-2-1

各工序工时定额表

工序	第一工序	第二工序	第三工序	合计
工时定额（小时）	30	50	20	100

表 7-2-2

各工序材料费用定额表

工序	第一工序	第二工序	第三工序	合计
材料费用定额（元）	150	250	100	500

表 7-2-3

各工序在产品数量表

202×年 3 月

工 序	第一工序	第二工序	第三工序	合计
在产品数量（件）	200	100	300	600

表 7-2-4

生产费用表

202×年 3 月

单位：元

项目	直接材料	直接人工	制造费用	合计
月初在产品成本	4 000	1 000	2 420	
本月发生生产费用	80 400	24 065	31 000	
合计				

表 7-2-5

在产品完工程度和约当产量计算表

202×年 3 月

生产工序	工时定额（小时）	完工程度（%）	在产品数量（件）	约当产量（件）
第一工序				
第二工序				
第三工序				
合计				

二维码
7-2-1
答案解析

表 7-2-6

在产品投料程度和约当产量计算表

202×年 3 月

生产工序	投料定额（元）	投料程度（%）	在产品数量（件）	约当产量（件）
第一工序				
第二工序				
第三工序				
合计				

二维码
7-2-2
答案解析

表 7-2-7

成本计算单

产品名称： 202×年 3 月 金额单位：元

项目	直接材料	直接人工	制造费用	合计
月初在产品成本				
本月生产费用				
生产费用合计				
完工产品数量（件）				
月末在产品约当产量（件）				
单位成本（费用分配率）				
完工产品成本				
月末在产品成本				

会计主管： 审核： 制表：

二维码
7-2-3
答案解析

实训任务三　在产品按定额成本计价法

【实训目的】

通过实训使学生掌握在产品按定额成本计价法，熟练地操作在产品按定额成本计价法下的成本计算程序及账务处理流程。

【实训资料】

1.正兴机械加工厂202×年3月生产508#产品，该产品经三道工序制成，各工序的月末在产品完工程度见表7-3-1。

2.508#产品各工序的月末在产品投料程度见表7-3-2。

3.508#产品本月完工5 000件，月末在产品600件，各工序的月末在产品数量见表7-3-3。

4.该产品的月初在产品成本及本月生产费用发生情况见表7-3-4。

5.508#产品的单位产品材料费用定额为200元，单位产品工时消耗定额为10小时，508#产品生产过程中的小时人工费用率为2元，小时制造费用率为3元。

【实训要求】

1.根据上述资料，计算各工序在产品的材料定额和工时定额，并计算508#完工产品的材料定额和工时定额填入表7-3-5。

2.根据表7-3-4“生产费用表”和表7-3-5“在产品定额计算表”填制表7-3-6“成本计算单”。

3.根据表7-3-6“成本计算单”编制记账凭证。

【知识链接】

在产品按定额成本计价法，也称定额成本法。它是指月末在产品按定额成本计算，该产品的全部生产费用（月初在产品费用加上本月发生的费用）减去按定额成本计算的月末在产品成本后的余额就是完工产品的成本。采用这种方法时，首先要计算在产品定额成本。在产品定额成本的计算公式为：

在产品定额材料成本=在产品数量×在产品材料消耗定额×材料单价

在产品定额工资成本=在产品数量×在产品工时消耗定额×小时工资率

在产品定额费用成本=在产品数量×在产品工时消耗定额×小时费用率

完工产品应分配的各项费用=期初在产品费用+本期发生的费用-期末在产品定额费用

采用在产品按定额成本计价法，由于月末在产品成本不负担实际生产费用脱离定额的差异，而全部由完工产品成本负担，所以在实际生产费用脱离定额差异比较大的情况下，就会影响产品成本计算的准确性。因此，在产品按定额成本计价法适用于各项消耗定额或费用定额比较准确、稳定，而且各月末在产品数量变化不大的产品。

表 7-3-1

在产品完工程度表

工序	第一工序	第二工序	第三工序
工时定额（小时）	30%	50%	80%

表 7-3-2

在产品投料程度表

工序	第一工序	第二工序	第三工序
材料费用定额（元）	15%	40%	100%

表 7-3-3

各工序在产品数量表

202×年 3 月

工序	第一工序	第二工序	第三工序	合计
在产品数量（件）	200	300	100	600

表 7-3-4

生产费用表

202×年 3 月　　　　单位：元

项目	直接材料	直接人工	制造费用	合计
月初在产品成本	252 500	25 387	39 229	
本月发生生产费用	850 000	82 000	120 000	
合计				

表 7-3-5

在产品定额计算表

产品名称：　　　　202×年 3 月

步骤		第一工序	第二工序	第三工序	合　计
在产品材料定额	在产品数量（件）				
	投料程度				
	单位材料消耗定额（元）				
	在产品费用定额（元）				
在产品工时定额	完工程度				
	单位工时消耗定额（小时）				
	在产品工时定额（小时）				

二维码
7-3-1
答案解析

会计主管：　　　　审核：　　　　制表：

表 7-3-6

成本计算单

产品名称：　　　　　　　　　　202×年 3 月　　　　　　　　　　单位：元

项目	直接材料	直接人工	制造费用	合计
月初在产品成本				
本月生产费用				
生产费用合计				
月末在产品定额				
月末在产品成本				
完工产品成本				

会计主管：　　　　　　　　　　审核：　　　　　　　　　　制表：

二维码
7-3-2
答案解析

实训任务四　定额比例法

【实训目的】

通过实训使学生掌握定额比例法，熟练地操作定额比例法下的成本计算程序及账务处理流程。

【实训资料】

1.东成新型材料加工厂202×年3月生产21#板材，该产品经三道工序加工制成，各工序的月末在产品工时定额情况见表7-4-1。

2.该产品各工序的月末在产品材料费用定额见表7-4-2。

3.该产品本月完工2 000件，月末在产品750件，各工序的月末在产品数量见表7-4-3。

4.该产品的月初在产品成本及本月生产费用发生情况见表7-4-4。

5.21#板材的单位产品材料费用定额为60元，单位产品工时消耗定额为20小时。

【实训要求】

1.根据上述资料，计算各工序在产品的材料定额和工时定额，并计算完工产品的材料定额和工时定额填入表7-4-5。

2.根据表7-4-4“生产费用表”和表7-4-5“产品定额计算表”填制表7-4-6“产品成本计算单”。

3.根据表7-4-6“产品成本计算单”编制记账凭证。

【知识链接】

定额比例法是指产品的生产费用在完工产品与月末在产品之间按照两者的定额消耗量或定额费用比例分配计算产品成本的方法。其中，原材料费用按原材料的定额消耗量或定额费用比例分配，加工费用按定额工时比例分配。这种分配方法，适用于各项消耗定额比较准确、稳定，但各月末在产品数量变动较大的产品。采用定额比例法计算分配率的公式为：

公式一：

$$\text{费用分配率}=\frac{\text{月初在产品费用}+\text{本月生产费用}}{\begin{matrix}\text{完工产品定额原材料}\\\text{费用或定额工时}\end{matrix}+\begin{matrix}\text{月末在产品定额原材料}\\\text{费用或定额工时}\end{matrix}}$$

公式二：

$$\text{费用分配率}=\frac{\text{月初在产品费用}+\text{本月生产费用}}{\begin{matrix}\text{月初在产品定额原材料}\\\text{费用或定额工时}\end{matrix}+\begin{matrix}\text{本月发生的定额原材料}\\\text{费用或定额工时}\end{matrix}}$$

需要说明的是，上述以定额原材料费用为分母计算出的费用分配率，是原材料费用分配率；以定额工时为分母计算出的费用分配率，是各项加工费用的分配率。公式一与公式二的分母不同，但可以通用。因为月初在产品定额费用（或定额工时）与本月发生的定额费用（或定额工时）之和，等于本月完工产品定额费用（或定额工时）与月末在产品定额费用（或定额工时）之和。

采用定额比例法计算分配额的公式为：

$$\begin{matrix}\text{月末在产品}\\\text{原材料费用}\end{matrix}=\begin{matrix}\text{月末在产品定额}\\\text{原材料费用}\end{matrix}\times\begin{matrix}\text{原材料费用}\\\text{分配率}\end{matrix}$$

$$\begin{matrix}\text{完工产品}\\\text{原材料费用}\end{matrix}=\begin{matrix}\text{完工产品定额}\\\text{原材料费用}\end{matrix}\times\begin{matrix}\text{原材料费用}\\\text{分配率}\end{matrix}=\begin{matrix}\text{月初在产品}\\\text{原材料费用}\end{matrix}+\begin{matrix}\text{本月发生的}\\\text{原材料费用}\end{matrix}-\begin{matrix}\text{月末在产品}\\\text{原材料费用}\end{matrix}$$

$$\text{月末在产品某项加工费用}=\text{月末在产品定额工时}\times\text{该项费用分配率}$$

$$\text{完工产品某项加工费用}=\text{完工产品定额工时}\times\text{该项费用分配率}=\text{月初在产品该项费用}+\text{本月发生的该项费用}-\text{月末在产品该项费用}$$

上述作为费用分配标准的月末在产品定额原材料费用和定额工时，都是根据月末各工序在产品的账面结存数量或实际盘存数量，以及相应的消耗定额或费用定额具体计算的。如果在产品的种类或生产工序繁多，按照这种方法计算完工产品和月末在产品成本，工作量繁重。为了简化成本计算工作，月末在产品的定额数据，也可以采用倒挤的方法计算，其计算公式为：

$$\text{月末在产品定额原材料费用或定额工时}=\text{月初在产品定额原材料费用或定额工时}+\text{本月投入定额原材料费用或定额工时}-\text{本月完工产品定额原材料费用或定额工时}$$

在已知月初在产品的定额原材料费用和定额工时，以及本月投入的定额原材料费用和定额工时数据的情况下，也可以采用前述第二个费用分配率公式，分别计算完工产品成本和月末在产品成本。

采用定额比例法分配完工产品与月末在产品费用，不仅分配结果比较合理，而且还便于将实际费用与定额费用相比较，分析和考核定额的执行情况。在采用上述第二个公式分配时，由于公式中分子和分母都是月初在产品和本月发生的费用，分子是实际数，分母是定额数，便于互相比较，因而这一优点体现得更为明显。

【思政案例7】

2021年，光明公司会计李某被任命担任成本会计核算工作。上任后，李某在工作中发现，本公司产品成本在完工产品和在产品之间分配时采用的是不计算在产品成本，将各月发生的生产费用全部计入完工产品成本的方法。而本公司各期完工产品和在产品数量变化较大，用这种方法计算的各期完工产品成本波动较大，不利于成本的核算与管理。因而，李某对会计科长王某提出了以下建议：由于本公司各项消耗定额资料比较完整、准确，生产工艺过程已经定型，符合定额比例法分配完工产品成本和在产品成本的条件，企业应该及时制定原材料及各种成本项目的消耗定额，将原来的“不计在产品成本法”改为“定额比例法”分配完工产品和在产品成本。会计科长王某认为，企业采用的会计处理方法前后各期应保持一致，不得随意变更，否则不符合可比性原则，因而告诉李某做好本职工作即可，这些事不是他这个层次的会计人员应该考虑的。

思考问题：

1.根据学过的专业知识，你认为该公司是否应该使用“定额比例法”分配完工产品和在产品的成本？

2.本案例中会计科长王某和成本会计李某的做法是否正确？为什么？

表 7-4-1

在产品工时定额表

工序	第一工序	第二工序	第三工序
单位工时定额（小时）	4	12	18

表 7-4-2

在产品材料费用定额表

工序	第一工序	第二工序	第三工序
单位材料费用定额（元）	18	30	60

表 7-4-3

各工序在产品数量表

202×年 3 月

工序	第一工序	第二工序	第三工序	合计
在产品数量（件）	250	300	200	750

表 7-4-4

生产费用表

202×年 3 月

单位：元

项目	直接材料	直接人工	制造费用	合计
月初在产品成本	21 250	11 400	7 120	
本月发生生产费用	135 500	85 000	70 000	
合计				

表 7-4-5

产品定额计算表

产品名称：

202×年 3 月

步骤		第一工序	第二工序	第三工序	合计
在产品材料定额	在产品数量（件）				
	单位材料消耗定额（元）				
	在产品费用定额（元）				
在产品工时定额	单位工时消耗定额（小时）				
	在产品定额工时（小时）				
完工产品定额	完工产品数量（件）				
	材料消耗定额（元）				
	工时消耗定额（小时）				

二维码 7-4-1

答案解析

会计主管： 审核： 制表：

表 7-4-6

产品成本计算单

产品名称：　　　　　　　　　　　　202×年 3 月　　　　　　　　　　　　金额单位：元

项目		直接材料	直接人工	制造费用	合计
月初在产品成本					
本月生产费用					
生产费用合计					
单位成本（费用分配率）					
完工产品	定额				
	成本				
月末在产品	定额				
	成本				

会计主管：　　　　　　　　　　　　审核：　　　　　　　　　　　　制表：

二维码
7-4-2
答案解析

第二部分

综合实训

实训项目八 品种法

【实训目的】

通过实训使学生了解品种法的主要特点，掌握品种法在实际工作中的具体应用，熟练地运用品种法基本原理处理企业的成本核算，使学生能够胜任企业产品成本核算岗位的会计工作。

【实训资料】

一、企业概况

（一）生产情况

江城化学厂设有一个基本生产车间，常年大量生产HA和HB两种洗涤用品。另设有供水和机修两个辅助生产车间，为全厂供水和提供机修服务。

（二）经济业务说明

1.该企业采用品种法计算产品成本。

2.该企业本月生产HA耗用生产工时2 400小时，生产HB耗用生产工时1 800小时。

3.本月应摊销财产保险费为第四季度的，按固定资产原值比例进行分配。

4.产品生产过程中，原材料在生产开始时一次性投入，生产产品耗用水费记入“直接材料”成本项目，月末在产品按定额成本计算，单位产品材料费用定额HA为50元，HB为40元。

5.定额资料：HA材料消耗定额为5千克，HB材料消耗定额为4千克。燃料动力费，4元/小时；人工费，5元/小时；制造费用，3元/小时。月末在产品的工时定额为5小时。

6.辅助生产费用按一次交互分配法进行分配。

7.共同耗用的材料按定额耗用量比例分配；共同发生的人工费按工时比例分配；燃料动力费和制造费用按生产工时比例分配。

8.辅助生产车间不设制造费用明细账。

二、相关资料

该企业202×年11月份有关生产费用和产品成本计算资料见表8-1至表8-20。

【实训要求】

1.按产品名称设置“生产成本——基本生产成本——HA”和“生产成本——基本生产成本——HB”两个明细账，并登记月初在产品成本；按辅助生产车间设置“生产成本——辅助生产成本——供水车间”和“生产成本——辅助生产成本——机修车间”两个明细账；按基本生产车间设置“制造费用——基本生产车间”一个明细账。

2.根据所给资料编制各种生产费用分配表，并编制记账凭证，登记有关明细账。

3.根据“预付账款”明细账，编制应摊销费用（财产保险费）分配表，并编制记账凭证，登记有关账簿。

4.根据辅助生产车间提供劳务的对象和数量及辅助生产成本明细账归集的辅助生产费用，编制“辅助生产费用分配表”，并编制记账凭证，登记有关明细账。

5.根据制造费用明细账所归集的费用，按各种产品耗用的工时，编制“制造费用分配表”，并编制记账凭证，登记有关成本明细账。

6.根据基本生产成本明细账所归集的生产费用和有关产量记录等资料，计算期末在产品成本和完工产品成本，编制“产品成本计算单”。

7.根据“产品成本计算单”编制“完工产品成本汇总表”，并编制记账凭证，登记有关账簿，结转完工产品成本。

【知识链接】

一、品种法的概念

品种法，是指以产品品种为成本计算对象，按产品品种设置明细账，归集生产费用、计算产品成本的成本计算方法。品种法一般适用于大量、大批、单步骤生产的企业（如采掘、供水、发电等企业）以及管理上不要求分步骤计算产品成本的大量、大批、多步骤生产的企业（如小型水泥厂、小型砖瓦厂等）。

二、品种法的分类

品种法可以分为简单品种法和标准品种法。

1.简单品种法就是将生产过程中发生的应计入产品成本的各种生产费用，直接根据有关凭证记入产品成本明细账（或成本计算单），据以计算产品成本的品种法。如大量、大批、单步骤生产，且生产产品单一的企业，平时生产过程中发生的各种生产费用都属于直接费用，可以根据有关凭证直接记入产品成本明细账（或成本计算单）；期末，由于没有或极少有在产品存在，本月发生的生产费用全部由完工产品负担。简单品种法适用于产品品种单一、生产周期较短的大量、大批、单步骤生产的企业及品种单一的辅助生产车间的成本计算，如发电、采掘业及供水、供电、供气等辅助生产车间的成本计算。

2.标准品种法就是按各种产品设置明细账，分品种归集生产费用计算产品成本的品种法。标准品种法是最基本的品种法。在标准品种法下，平时所发生的生产费用需要区分直接费用和间接费用归集；期末如果有一定数量的在产品，需要将本月所归集的生产费用在完工产品和月末在产品之间按一定标准分配。标准品种法适用于同时大量、大批、单步骤生产多种产品的企业或管理上不要求分步骤计算成本的大量、大批、多步骤生产的企业，如小型水泥厂、小型造纸厂、小型砖瓦厂等。

三、品种法的特点

1.以产品的品种为成本计算对象。

2.成本计算期与会计报告期一致，与生产周期不一致。

3.期末，生产费用一般不需要在完工产品和在产品之间分配。

四、品种法的核算程序

1.按产品品种设置生产成本明细账（或成本计算单），并按成本项目设置专栏。

2.编制各种费用分配表，登记各生产成本明细账（或成本计算单）。

3.月末汇总生产成本，分别计算完工产品和在产品成本。

表 8-1

发料凭证汇总表

202×年 11 月　　　　单位：元

领料部门及用途			原材料	燃料	包装物	低值易耗品	合计
生产成本	基本生产成本	HA	13 800		1 000		14 800
		HB	12 800		1 200		14 000
		共同耗用	14 000	7 000			21 000
		小计	40 600	7 000	2 200		49 800
	辅助生产成本	供水车间	400				400
		机修车间	3 000			400	3 400
		小计	3 400			400	3 800
制造费用		基本生产车间	800			600	1 400
管理费用			2 000			1 200	3 200
合计			46 800	7 000	2 200	2 200	58 200

会计主管：　　　　审核：　　　　制表：

表 8-2

材料费用分配表

202×年 11 月　　　　金额单位：元

应借科目			共同耗用材料的分配				直接计入			合计
			产量（件）	定额耗用量	分配率	分配金额	原材料	低值易耗品	包装物	
生产成本	基本生产成本	HA								
		HB								
		小计								
	辅助生产成本	供水车间								
		机修车间								
		小计								
制造费用										
管理费用										
合计										

二维码 8-1

答案解析

会计主管：　　　　审核：　　　　制表：

表 8-3

燃料动力费用分配表

202×年 11 月　　　　金额单位：元

应借科目			生产工时（小时）	燃料分配率	动力分配率	燃料费	动力费	合计
生产成本	基本生产成本	HA						
		HB						
		小计						
	辅助生产成本	供水车间						
		机修车间						
		小计						
制造费用								
管理费用								
合计								

会计主管：　　　　审核：　　　　制表：

二维码
8-2
答案解析

表 8-4

用电数量分配表

202×年 11 月

用电部门		用电数量（度）	单价（元/度）	金额（元）
基本生产车间	生产产品耗用	7 000		
	车间一般耗用	500		
供水车间		500		
机修车间		1 100		
管理部门		900		
合计		10 000		18 000

表 8-5

工资结算汇总表

202×年 11 月　　　　单位：元

车间与部门		应付工资						扣款	实发工资
		标准工资	奖金	副食补贴	粮煤补贴	夜班津贴	合计	房租	
基本生产车间	生产工人	12 000	4 500	500	500	1 000	18 500	2 400	16 100
	管理人员	1 500	800	200	300	200	3 000	300	2 700
供水车间		800	100	30	40	30	1 000	150	850
机修车间		1 600	400	70	80	150	2 300	280	2 020
管理部门		3 800	800	100	100		4 800	600	4 200
合计		19 700	6 600	900	1 020	1 380	29 600	3 730	25 870

会计主管：　　　　审核：　　　　制表：

表 8-6

工资费用分配表

202×年 11 月　　　　金额单位：元

应借科目			工资			合计
			生产工时（小时）	分配率	分配金额	
生产成本	基本生产成本	HA 产品				
		HB 产品				
		小　计				
	辅助生产成本	供水车间				
		机修车间				
		小计				
制造费用						
管理费用						
合计						

会计主管：　　　　审核：　　　　制表：

二维码
8-3

答案解析

表 8-7

其他费用支出汇总表

202×年 11 月　　　　单位：元

车间及部门	办公费	劳动保护费	差旅费	其他	合计
基本生产车间	1 250	350	210	360	2 170
供水车间	160	120	140	2 200	2 620
机修车间	150	110	120	180	560
管理部门	5 680		1 650	1 550	8 880
合计	7 240	580	2 120	4 290	14 230

二维码 8-4

答案解析

注：假定这些费用全部用银行存款支付。

表 8-8

固定资产折旧计算表

202×年 11 月　　　　金额单位：元

车间及部门		本月应计提折旧固定资产总值		月折旧率	折旧额	合计
基本生产	生产车间	房屋	100 000	3‰		
		机器	600 000	8‰		
辅助生产	供水车间	房屋	50 000	3‰		
		机器	40 000	8‰		
	机修车间	房屋	80 000	3‰		
		机器	60 000	8‰		
管理部门		房屋	500 000	3‰		
合计		1 430 000				

会计主管：　　　　审核：　　　　制表：

表 8-9

折旧费用分配表

202×年 11 月　　　　单位：元

应借科目			金额	合计
生产成本	辅助生产成本	供水车间		
		机修车间		
		小计		
制造费用				
管理费用				
合计				

二维码 8-5

答案解析

会计主管：　　　　审核：　　　　制表：

表 8-10

预付账款明细账

费用种类：财产保险费

202×年		摘要	借方	贷方	借或贷	余额
月	日					
10	5	支付第四季度财产保险费	2 860			
	31	根据预付费用分配表		953	借	1 907

会计主管：　　　　审核：　　　　制表：

表 8-11

预付费用分配表

202×年 11 月　　　　金额单位：元

应借科目			固定资产原值	分配率	分配金额	合计
生产成本	辅助生产成本	供水车间				
		机修车间				
		小计				
制造费用						
管理费用						
合计						

二维码
8-6

答案解析

会计主管：　　　　审核：　　　　制表：

表 8-12

辅助生产车间提供劳务数量统计表

202×年 11 月

受益部门及产品	供水（吨）	机修（小时）
HA	2 800	
HB	3 200	
基本生产车间	1 000	8 500
供水车间		1 500
机修车间	500	
管理部门	1 000	2 000
合计	8 500	12 000

表 8-13

辅助生产费用分配表

202×年 11 月

金额单位：元

项目		应分配费用	劳务数量	分配率	供水车间		机修车间		HA		HB		基本生产车间		管理部门	
					数量（吨）	金额	数量（小时）	金额	数量	金额	数量	金额	数量	金额	数量	金额
交互分配	供水车间															
	机修车间															
	小计															
对外分配	供水车间															
	机修车间															
	小计															

会计主管：　　　　审核：　　　　制表：

二维码 8-7 答案解析

表 8-14

制造费用分配表

202×年 11 月　　　　金额单位：元

应借科目			生产工时（小时）	分配率	金额
生产成本	基本生产成本	HA 产品			
		HB 产品			
合计					

会计主管：　　　　审核：　　　　制表：

二维码
8-8
答案解析

表 8-15

产量记录表

202×年 11 月　　　　数量：件

项目	月初在产品	本月投料生产	本月完工产品	月末在产品
HA 产品	80	420	450	50
HB 产品	60	480	500	40

表 8-16

产品成本计算单

车间名称：　　　　金额单位：元

产品名称：　　　　202×年 11 月　　　　完工产量：

项目	直接材料	燃料动力	直接人工	制造费用	合计
月初在产品定额成本					
本月发生生产费用					
生产费用累计					
完工产品成本					
月末在产品定额成本					

会计主管：　　　　审核：　　　　制表：

二维码
8-9
答案解析

表 8-17

产品成本计算单

车间名称：　　　　金额单位：元

产品名称：　　　　202×年 11 月　　　　完工产量：

项目	直接材料	燃料动力	直接人工	制造费用	合计
月初在产品定额成本					
本月发生生产费用					
生产费用累计					
完工产品成本					
月末在产品定额成本					

会计主管：　　　　审核：　　　　制表：

二维码
8-10
答案解析

表 8-18

生产成本——基本生产成本明细账

车间：

产品：HA

202×年		凭证字号	摘要	成本项目				贷方发生额	余额
月	日			直接材料	燃料动力	直接人工	制造费用		
10	31		本月合计	4 000	1 600	2 000	1 200		8 800

表 8-19

生产成本——基本生产成本明细账

车间：

产品：HB

202×年		凭证字号	摘要	成本项目				贷方发生额	余额
月	日			直接材料	燃料动力	直接人工	制造费用		
10	31		本月合计	2 400	1 200	1 500	900		6 000

表 8-20

完工产品成本汇总表

202×年 11 月　　　　金额单位：元

成本项目	HA产品（　　件）		HB产品（　　件）		合计
	总成本	单位成本	总成本	单位成本	
直接材料					
燃料动力					
直接人工					
制造费用					
合计					

会计主管：　　　　审核：　　　　制表：

二维码
8-11

答案解析

实训项目九　分步法

实训任务一　综合结转分步法

【实训目的】

通过实训使学生了解综合结转分步法的主要特点，理解其优缺点，掌握该种成本计算方法，能够依据企业的不同环境选择相应的成本计算方法，并能应用综合结转分步法的基本原理解决企业的成本计算问题，提高学生的实际动手操作能力。

【实训资料】

一、企业概况

（一）生产情况

临江毛纺厂设有精纺和染线两个基本生产车间，主要生产16支和28支腈纶线并顺序经过这两个生产车间加工；另设有机修和供气两个辅助生产车间。

（二）经济业务说明

1.根据成本管理要求，该企业采用分步法进行成本核算，并按综合结转分步法计算产品成本。

产品生产过程中，各车间耗用材料在各工序生产开始时一次性投入，月末采用材料成本法分配生产费用。精纺车间完工半成品直接转入染线车间进行加工。

2.在进行产品成本核算时，可设置“直接材料”“直接人工”“制造费用”三个成本项目。

3.辅助生产费用按计划成本法进行分配。

4.精纺车间制造费用按定额工时比例分配法进行分配；染线车间制造费用按产品重量比例分配法进行分配。

二、相关资料

临江毛纺厂12月份有关生产费用和产品成本计算资料见表9–1–1至表9–1–12。

【实训要求】

1.按产品名称和生产步骤设置“生产成本——基本生产成本——精纺16支”“生产成本——基本生产成本——精纺28支”“生产成本——基本生产成本——染线16支”“生产成本——基本生产成本——染线28支”四个明细账，并登记月初在产品成本；按辅助生产车间设置“生产成本——辅助生产成本——机修车间”“生产成本——辅助生产成本——供气车间”两个明细账和“制造费用——机修车间”“制造费用——供气车间”两个明细账；按基本生产车间设置“制造费用”一个明细账。

2.根据所给资料编制各种生产费用分配表，并编制记账凭证，登记有关明细账。

3.根据辅助生产车间“制造费用”账户归集的费用，编制“辅助生产车间制造费用结转表”，并编制记账凭证，登记有关明细账。

4.根据辅助生产车间归集的辅助生产费用，编制“辅助生产费用分配表”，并编制记账凭证，登记有关明细账。

5.根据基本生产车间“制造费用”账户归集的费用，编制“制造费用分配表”，并编制记账凭证，登记有关成本明细账。

6.根据“半成品成本计算单”，计算结转精纺车间半成品成本，并进行账务处理。

7.根据“完工产品成本计算单”，计算结转各种完工产品总成本。

【知识链接】

一、分步法的概念及分类

分步法是以各生产步骤生产的半成品和最终生产步骤的产成品为成本计算对象，按步骤和品种设置明细账、归集生产费用、计算产品成本的一种方法。分步法可分为逐步结转分步法和平行结转分步法两种。

（一）逐步结转分步法

逐步结转分步法一般适用于大量、大批、连续式加工企业的成本核算。在逐步结转分步法中，各步骤所耗用的上一步骤半成品的成本要随着半成品实物的转移，逐步结转记入下一步骤的生产成本明细账中。按上下步骤间成本结转方式的不同，逐步结转分步法又可分为综合结转分步法和分项结转分步法。在综合结转方式下，通过成本还原，将产成品成本中半成品成本还原为原始的成本项目。

（二）平行结转分步法

平行结转分步法主要适用于半成品很少或不出售，管理上又不要求提供完整的半成品成本信息、不需要计算各步骤半成品成本的大量、大批、连续式复杂生产的企业，以及大量、大批装配式复杂生产的企业。采用平行结转分步法，各步骤只核算本步骤所发生的生产费用，不计算半成品成本，也就是说半成品的成本不随半成品实物的转移而转移。期末，本步骤发生的生产费用需要在最终完工的产成品和广义的在产品之间进行分配。

二、逐步结转分步法的特点及分类

（一）逐步结转分步法的特点

1.账实相符

各步骤所耗用上一步骤半成品的成本，要随着半成品实物的转移，从上一步骤的产品成本明细账转到下一步骤相同的产品成本明细账中。

2.依次进行成本结转核算

下一步骤的成本核算以上一步骤的成本核算为基础。只有在上一步骤成本核算完成的基础上，才能进行下一步骤的成本核算。依次逐步计算出各步骤完工半成品成本和最后步骤的产成品成本。

（二）逐步结转分步法的分类

逐步结转分步法按照半成品成本在下一步骤成本计算单中反映的方法不同，可分为综合结转和分项结转两种方法。

1.综合结转分步法

所谓综合结转分步法就是将上一生产步骤的完工半成品成本，以一个合计数的形式，综合结转到下一步骤产品成本计算单（或明细账）中的“半成品”或“原材料”成本项目中的逐步结转分步法。

2.分项结转分步法

所谓分项结转分步法就是将上一生产步骤的完工半成品成本，分成本项目，分别结转到下一步骤产品成本计算单（或明细账）中对应成本项目的逐步结转分步法。

表 9-1-1

发出材料凭证汇总表

202×年 12 月

金额单位：元

发出材料		原材料										包装物		合计	
分配对象		主要材料		辅助材料		修理备件		燃料		小计		计划成本	差异 (-) 5%	计划成本	差异 (-) 5%
		计划成本	差异 (-) 5%	计划成本	差异 (-) 5%	计划成本	差异 (-) 5%	计划成本	差异 (-) 5%	计划成本	差异 (-) 5%				
基本生产成本	16 支腈纶线	668 850	(-) 33 443	164 000	(-) 8 200					832 850	(-) 41 643	4 000	(-) 200	836 850	(-) 41 843
	28 支腈纶线	140 140	(-) 7 007	32 800	(-) 1 640					172 940	(-) 8 647	800	(-) 40	173 740	(-) 8 687
	小计	808 990	(-) 40 450	196 800	(-) 9 840					1 005 790	(-) 50 290	4 800	(-) 240	1 010 590	(-) 50 530
辅助生产成本	机修车间					33 000	(-) 1 650			33 000	(-) 1 650			33 000	(-) 1 650
	供气车间							48 000	(-) 2 400	48 000	(-) 2 400			48 000	(-) 2 400
	小计					33 000	(-) 1 650	48 000	(-) 2 400	81 000	(-) 4 050			81 000	(-) 4 050
制造费用	精纺车间			4 160	(-) 208					4 160	(-) 208			4 160	(-) 208
	染线车间			2 080	(-) 104					2 080	(-) 104			2 080	(-) 104
	机修车间			1 040	(-) 52					1 040	(-) 52			1 040	(-) 52
	供气车间			1 040	(-) 52					1 040	(-) 52			1 040	(-) 52
	小计			8 320	(-) 416					8 320	(-) 416			8 320	(-) 416
管理费用				4 160	(-) 208	3 000	(-) 150	12 000	(-) 600	19 160	(-) 958			19 160	(-) 958
合计		808 990	(-) 40 450	209 280	(-) 10 464	36 000	(-) 1 800	60 000	(-) 3 000	1 114 270	(-) 55 714	4 800	(-) 240	1 119 070	(-) 55 954

说明：基本生产成本项目："主要材料"为精纺车间生产产品用；"辅助材料"和"包装物"为染线车间生产产品用。

二维码
9-1-1
答案解析

表 9-1-2

12月份固定资产折旧表

金额单位：元

使用部门	类别	原值	月折旧率（%）	折旧额
精纺车间	房屋建筑物	1 878 400	0.5	9 392.00
	机器设备	3 759 400	0.75	28 195.50
	小计	5 637 800		37 587.50
染线车间	房屋建筑物	1 423 200	0.5	7 116.00
	机器设备	1 883 600	0.75	14 127.00
	小计	3 306 800		21 243.00
机修车间	房屋建筑物	332 100	0.5	1 660.50
	机器设备	805 300	0.75	6 039.75
	小计	1 137 400		7 700.25
供气车间	房屋建筑物	231 500	0.5	1 157.50
	机器设备	567 900	0.75	4 259.25
	小计	799 400		5 416.75
厂　部	房屋建筑物	1 803 200	0.5	9 016.00
	机器设备	374 300	0.75	2 807.25
	小计	2 177 500		11 823.25
合　计		13 058 900		83 770.75

二维码
9-1-2
答案解析

表 9-1-3

电费分配表

202×年 12 月

单位：元

分配对象	分配额
精纺基本生产车间	1 890
染线基本生产车间	1 030
机修辅助生产车间	150
供气辅助生产车间	390
小　计	3 460
厂　部	166
合　计	3 626

说明：电费已通过银行转账支付。

二维码
9-1-3
答案解析

表 9-1-4

工资分配表

202×年 12 月　　　　金额单位：元

<table>
<tr><th colspan="3">项　目</th><th>分配标准</th><th>分配率</th><th>工资额</th></tr>
<tr><td rowspan="7">基本生产成本</td><td rowspan="3">精纺车间</td><td>16 支腈纶线</td><td></td><td></td><td></td></tr>
<tr><td>28 支腈纶线</td><td></td><td></td><td></td></tr>
<tr><td>小计</td><td></td><td></td><td>124 800</td></tr>
<tr><td rowspan="3">染线车间</td><td>16 支腈纶线</td><td></td><td></td><td></td></tr>
<tr><td>28 支腈纶线</td><td></td><td></td><td></td></tr>
<tr><td>小计</td><td></td><td></td><td>33 000</td></tr>
<tr><td colspan="2">合计</td><td></td><td></td><td>157 800</td></tr>
<tr><td rowspan="3">辅助生产成本</td><td colspan="2">机修辅助生产成本</td><td></td><td></td><td>10 507</td></tr>
<tr><td colspan="2">供气辅助生产成本</td><td></td><td></td><td>5 433</td></tr>
<tr><td colspan="2">合计</td><td></td><td></td><td>15 940</td></tr>
<tr><td rowspan="5">制造费用</td><td colspan="2">精纺车间</td><td></td><td></td><td>3 170</td></tr>
<tr><td colspan="2">染线车间</td><td></td><td></td><td>2 396</td></tr>
<tr><td colspan="2">机修车间</td><td></td><td></td><td>1 580</td></tr>
<tr><td colspan="2">供气车间</td><td></td><td></td><td>1 220</td></tr>
<tr><td colspan="2">合计</td><td></td><td></td><td>8 366</td></tr>
<tr><td colspan="3">管理费用</td><td></td><td></td><td>39 300</td></tr>
<tr><td colspan="3">总计</td><td></td><td></td><td>221 406</td></tr>
</table>

二维码
9-1-4
答案解析

说明：1. 单位产品定额工时：16 支腈纶线 2 000 小时，28 支腈纶线 3 000 小时。
2. 本月完工产品产量：16 支腈纶线 50 吨，28 支腈纶线 10 吨。
3. 精纺车间工资按定额生产工时比例分配；染线车间工资按产量比例分配。

表 9-1-5

水费分配表

202×年 12 月　　　　单位：元

分配对象	分配额
精纺基本生产车间	108
染线基本生产车间	292
机修辅助生产车间	91
供气辅助生产车间	74
供气辅助生产费用	500
厂部	186
合计	1 251

说明：水费已通过银行转账支付。

二维码
9-1-5
答案解析

表 9-1-6

辅助生产车间制造费用结转表

202×年 12 月　　　　单位：元

项　目		制造费用		
		机修车间	供气车间	合计
辅助生产成本	机修生产费用			
	供气生产费用			
	合　计			

二维码
9-1-6
答案解析

表 9-1-7

辅助生产费用分配表

计量单位：机修（工时）

202×年 12 月　　蒸汽（米^3）

项　目	分配数量	计划单位成本	计划总成本	辅助生产车间				基本生产车间				厂部	
				机修车间		供气车间		精纺车间		染线车间			
				数量	金额	数量	金额	数量	金额	数量	金额	数量	金额
直接费用													
分配计划成本													
机修车间	8 000	8.20				1 000		3 000		1 000		3 000	
供气车间	6 200	11.00		1 200				1 800		700		2 500	
小计													
分配差异													
机修车间													
供气车间													

二维码
9-1-7
答案解析

表 9-1-8

制造费用分配表

202×年 12 月

项目		制造费用						分配额合计（元）
		精纺车间			染线车间			
		分配标准（定额工时）	分配率	分配额（元）	分配标准（产品产量）	分配率	分配额（元）	
基本生产成本	16 支腈纶线							
	28 支腈纶线							
	合计							
说明		1.16 支腈纶线产品产量 50 吨，每吨定额工时 2 000 小时，定额耗用量 100 000 小时 2.28 支腈纶线产品产量 10 吨，每吨定额工时 3 000 小时，定额耗用量 30 000 小时 3.精纺车间制造费用，采用定额工时比例分配法分配 4.染线车间制造费用，采用产品产量比例分配法分配						

二维码 9-1-8

答案解析

表 9-1-9

精纺车间 16 支腈纶线半成品成本计算单

金额单位：元

202×年 12 月　　　　完工半成品产量：50 吨

成本项目	月初在产品成本	本月生产成本发生额	生产成本合计	完工半成品成本（转入染线车间 50 吨）		月末在产品成本
				总成本	单位成本	
直接材料	81 200					
直接人工						
制造费用						
合计	81 200					

说明：1.产品产量（半成品）：月初在产品数量 7 吨，本月投入 50 吨，本月完工 50 吨，月末在产品数量 7 吨。

2.采用材料成本法计算月末在产品成本。

二维码 9-1-9

答案解析

表 9-1-10

精纺车间 28 支腈纶线半成品成本计算单

金额单位：元

202×年 12 月　　　　完工半成品产量：10 吨

成本项目	月初在产品成本	本月生产成本发生额	生产成本合计	完工半成品成本（转入染线车间 10 吨）		月末在产品成本
				总成本	单位成本	
直接材料	37 200					
直接人工						
制造费用						
合计	37 200					

说明：1.产品产量（半成品）：月初在产品数量 3 吨，本月投入 10 吨，本月完工 10 吨，月末在产品数量 3 吨。

2.采用材料成本法计算月末在产品成本。

二维码 9-1-10

答案解析

表 9-1-11

染线车间16支腈纶线产成品成本计算单

金额单位：元

202×年12月　　　　完工产品产量：50吨

成本项目	月初在产品成本	精纺车间转入半成品（50吨）成本	本月成本费用发生额	合计	完工产成品成本		月末在产品成本
					总成本	单位成本	
直接材料	45 000						
直接人工							
制造费用							
合计	45 000						

说明：1.产品产量：月初在产品7吨，本月投入50吨，本月完工产成品50吨，月末在产品7吨。

2.采用材料成本法计算月末在产品成本。

二维码
9-1-11
答案解析

表 9-1-12

染线车间28支腈纶线产成品成本计算单

金额单位：元

202×年12月　　　　完工产品产量：10吨

成本项目	月初在产品成本	精纺车间转入半成品（10吨）成本	本月成本费用发生额	合计	完工产成品成本		月末在产品成本
					总成本	单位成本	
直接材料	31 600						
直接人工							
制造费用							
合计	31 600						

说明：1.产品产量：月初在产品2吨，本月投入10吨，本月完工产成品10吨，月末在产品2吨。

2.采用材料成本法计算月末在产品成本。

二维码
9-1-12
答案解析

实训任务二　综合结转分步法的成本还原

【实训目的】

通过实训使学生了解综合结转分步法下成本还原的主要特点和种类，掌握成本还原的计算方法，并能应用成本还原的基本原理解决综合结转分步法下企业的各成本项目计算，提高学生的实际动手操作能力。

【实训资料】

一、企业概况

（一）生产情况

丹东华星纺织品有限公司是一家连续式、多步骤生产的小型企业，常年生产罗纹布和氨纶汗布两种产品，该厂设有织布、染色、定型三个基本生产车间，锅炉、供水两个辅助生产车间。该企业生产工艺流程为：织布车间生产罗纹布和氨纶汗布两种坯布，完工合格的坯布入自制半成品库存放；染色车间从自制半成品库领用上述两种坯布进行染色，完工后直接交定型车间进行定型加工，最终完工产品经检验合格后，包装入产成品库。

（二）经济业务说明

1.根据生产特点和成本管理要求，该企业采用综合结转分步法计算产品成本。

2.各车间耗用材料及半成品在生产开始时一次性投入，采用约当产量法分配完工产品和月末在产品成本。

3.该企业自制半成品出库成本采用先进先出法计算。

二、相关资料

丹东华星纺织品有限公司11月份织布车间的罗纹布和氨纶汗布本月完工产品和月末在产品费用分配情况，见表7-1-1和表7-1-2“半成品成本计算单”以及两种产品在该车间的基本生产成本明细账。染色和定型车间的罗纹布和氨纶汗布，在本月的完工产品成本计算及其结转情况，见两种产品在染色和定型车间的基本生产成本明细账，以及表7-1-3至表7-1-6“产品成本计算单”的登记内容，染色、定型车间本月耗用上一步骤半成品情况见表1-1-3“产品生产情况表”。

【实训要求】

1.根据上述资料采用成本项目比重法，进行本月罗纹布产成品的成本还原，将计算结果填入表9-2-1“成本还原计算表”。各成本项目比重的计算，要求保留六位小数，最后一个成本项目的比重用减法计算，成本费用保留两位小数。

2.根据上述资料采用成本还原率法，进行本月氨纶汗布产成品的成本还原，将计算结果填入表9-2-2“成本还原计算表”。成本还原率的计算，要求保留六位小数，成本费用保留两位小数。

【知识链接】

成本核算的主要目的就是满足企业管理的需要，而按综合结转分步法核算和提供的成本信息，不能满足企业管理的需要，因此需要进行成本还原。成本还原的目的就是要把产成品中的综合成本，逐步分解还原为直接材料、直接人工和制造费用三个成本项目，为企业管理部门提供产成品成本构成的信息。

所谓成本还原就是用倒推的方法，从最后一个生产步骤开始，将其所耗用上一生产步骤的完工半成品综合成本，按照当月上一步骤完工半成品的成本结构比例分解，依次逐步还原，直至第一个生产步骤，然后再据以汇总，计算出产成品中各原始成本项目成本的方法。

在现有的经济技术条件下，按当月上一步骤完工半成品的成本结构还原，最接近事实，简便可行，所以实际工作中一般以当月上一步骤完工产品的成本结构比例为分配标准，分解下一步骤完工产品中所包含的综合成本。成本还原计算的方法一般有两种：

（一）按上一步骤半成品成本项目占其总成本的比重还原

按上一步骤半成品成本项目占其总成本的比重还原可简称为成本项目比重法，它是将本月产成品中所包含的上一步骤完工半成品的综合成本，按照当月上一步骤完工半成品各成本项目占当月上一步骤完工半成品全部总成本的比重分解、还原。其计算公式为：

$$当月上一步骤完工半成品各成本项目比重=\frac{上一步骤完工半成品各成本项目金额}{上一步骤完工半成品成本合计}\times 100\%$$

还原额=完工产品中的综合成本×当月上一步骤完工半成品各成本项目比重

（二）按产成品所耗半成品成本占当月上一步骤所产该半成品总成本的比重还原

按产成品所耗半成品成本占当月上一步骤所产该半成品总成本的比重还原可简称为成本还原率法，采用该方法进行成本还原，首先要计算成本还原率。成本还原率即产成品中所包含的半成品综合成本占当月上一步骤完工半成品总成本的比重。其计算公式为：

$$成本还原率=\frac{本期产成品中所包含的半成品综合成本}{本期上一生产步骤完工半成品成本}\times 100\%$$

还原额=本期上一生产步骤完工半成品各成本项目金额×成本还原率

表 9-2-1

成本还原计算表

产品名称：罗纹布

完工产量：10 000 千克　　　　202×年 11 月　　　　金额单位：元

摘要	染色车间半成品	织布车间半成品	直接材料	直接人工	制造费用	合计
还原前总成本						
染色车间半成品成本比重						
染色车间半成品成本还原						
织布车间半成品成本比重						
织布车间半成品成本还原						
还原后总成本						
还原后单位成本						

二维码 9-2-1

答案解析

表 9-2-2

成本还原计算表

产品名称：氨纶汗布

完工产量：12 000 千克　　　　202×年 11 月　　　　金额单位：元

摘要	成本还原率	染色车间半成品	织布车间半成品	直接材料	直接人工	制造费用	合计
还原前总成本							
染色车间本月生产半成品成本							
耗用的染色车间半成品成本还原							
织布车间本月生产半成品成本							
耗用的织布车间半成品成本还原							
还原后总成本							
还原后单位成本							

二维码 9-2-2

答案解析

实训任务三　平行结转分步法

【实训目的】

通过实训使学生了解平行结转分步法的主要特点，理解其优缺点，掌握该种成本计算方法，能够依据企业的不同环境选择相应的成本计算方法，并能熟练应用平行结转分步法的基本原理和具体流程解决企业的成本核算，提高学生的实际动手操作能力。

【实训资料】

一、企业概况

（一）生产情况

东方机械厂共设有三个基本生产车间：铸造车间、加工车间、装配车间，生产C160车床和C168车床两种产品，设有供电和机修两个辅助生产车间，为全厂供电和提供机器设备修理服务。

（二）经济业务说明

1.根据成本管理要求，企业采用分步法进行产品成本核算，并按平行结转分步法计算产品成本。

2.本月铸造车间C160车床耗用生产工时1 900小时，C168车床耗用生产工时1 600小时；加工车间C160车床耗用生产工时2 600小时，C168车床耗用生产工时2 400小时；装配车间C160车床耗用生产工时2 200小时，C168车床耗用生产工时1 800小时。

3.铸造车间C160车床材料消耗定额为1 200元，C168车床材料消耗定额为1 000元；加工车间C160车床材料消耗定额为160元，C168车床材料消耗定额为150元；装配车间C160车床材料消耗定额为600元，C168车床材料消耗定额为550元。

4.产品生产过程中，各车间耗用的材料在各工序生产开始时一次性投入，采用约当产量法分配生产费用。

5.共同耗用的材料按定额材料费比例分配；共同发生的人工费按工时比例分配；燃料动力费和制造费用按工时比例分配。

6.在进行产品成本核算时，可设置“直接材料”“直接人工”“燃料动力”“制造费用”四个成本项目。

7.辅助生产车间不设置制造费用明细账。

8.辅助生产费用按一次交互分配法进行分配。

二、相关资料

该企业10月份有关生产费用和产品成本计算资料见表9-3-2至表9-3-29。

【实训要求】

1.按产品名称和生产步骤设置“生产成本——基本生产成本——铸造C160”“生产成本——基本生产成本——铸造C168”“生产成本——基本生产成本——加工C160”“生产成本——基本生产成本——加工C168”“生产成本——基本生产成本——装配C160”“生产成本——基本生产成本——装配C168”六个明细账，并登记月初在产品成本；按辅助生产车间设置“生产成本——辅助生产成本——供电车间”和“生产成本——辅助生产成本——机修车间”两个明细账；按基本生产车间设置“制造费用——铸造车间”、“制造费用——加工车间”和“制造费用——装配车间”三个明细账。

2.根据所给资料编制各种生产费用分配表，并编制记账凭证，登记有关明细账。

3.根据辅助生产车间提供劳务的对象和数量及辅助生产成本明细账归集的辅助生产费用，编制“辅助生产费用分配表”，并编制记账凭证，登记有关明细账。

4.根据制造费用明细账所归集的费用，按各种产品耗用工时，编制“制造费用分配表”，并编制记账凭证，登记有关明细账。

5.根据基本生产成本明细账所归集的生产费用和有关产量记录等资料，计算应计入产成品成本的份额和期末在产品成本，编制“产品成本计算单”。

6.根据“产品成本计算单”编制“完工产品成本汇总表”，并编制记账凭证，登记有关账簿，结转完工产品成本。

【知识链接】

一、平行结转分步法的概念及适用范围

（一）平行结转分步法的概念

平行结转分步法也称不计算半成品成本法，就是在期末，按适当的分配标准计算出本期各步骤应计入产成品成本的份额，然后将其同时结转到产成品成本计算单，据以计算出当期产成品的单位成本和总成本的分步法。

（二）平行结转分步法的适用范围

平行结转分步法主要适用于多步骤装配式生产企业。多步骤装配式生产企业，各步骤生产的半成品种类一般较多，若各步骤生产的半成品主要用于本企业的生产耗用，在管理上不要求提供各步骤完工半成品的成本信息的情况下，为了减少成本核算的工作量，平时各步骤可只归集本步骤所发生的费用，等到期末，再计算、结转各步骤应该计入当期产成品成本的份额，然后将各步骤应计入同一产品成本的份额平行结转、汇总，借以计算出当期各产成品的单位成本和总成本。所以，平行结转分步法主要运用于多步骤装配式生产企业的成本核算。

二、平行结转分步法的核算程序及特点

（一）平行结转分步法的核算程序

1.平时，各步骤只归集本步骤发生的材料费用、人工费用及制造费用，不归集耗用上一步骤的完工半成品成本。

2.期末，将各步骤所归集的本步骤发生的材料费用、人工费用及制造费用，分别采用适当的标准和方法，计算出各步骤各项费用应计入产成品成本的份额，从各步骤基本生产成本明细账转到产成品成本计算单，最终计算出本期完工产品的单位成本和总成本，再结转至“库存商品”账户。

（二）平行结转分步法的特点

1.各生产步骤只归集本步骤发生的材料费用、人工费用和制造费用，各步骤之间不结转半成品成本。

在平行结转分步法下，各生产步骤不计算、也不逐步结转半成品成本，只是在企业产成品入库时，才将各步骤费用中应计入产成品成本的份额，从各步骤产品成本明细账中转出，核算出产成品的单位成本和总成本，从“基本生产成本”账户的贷方转入“库存商品”账户的借方。

2.平行结转分步法下，车间基本生产成本明细账的账与实一般不相符。

在平行结转分步法下，各步骤的完工半成品可能已流转到下一步骤或已验收入半成品库，但其成本仍保留在原先对其加工的步骤的明细账上，即完工半成品成本不随实物的转移而结转，直到制成产成品，才计算结转其成本。所以，在平行结转分步法下，车间基本生产成本明细账的账与实一般不相符。

在平行结转分步法下，不论完工半成品是在各生产步骤之间直接转移，还是通过半成品库收发，都不通过“自制半成品”账户进行总分类核算。

3.期末，需将各步骤明细账上归集的生产费用，选择适当的标准和方法在广义在产品和产成品之间分配，据以计算各步骤费用中应计入产成品成本的“份额”。

4.期末，将各步骤中应计入产成品成本的“份额”平行汇总，据以计算出当期各产成品的单位成本和总成本。

三、平行结转分步法“份额”的计算

平行结转分步法下，本期产成品的总成本等于各步骤应计入产成品成本的“份额”之和。

平行结转分步法下，各步骤各成本项目应计入产成品成本“份额”的计算公式如下：

$$\text{某步骤应计入产成品成本的“份额”} = \text{本期产成品产量} \times \text{单位产成品耗用某步骤半成品的数量} \times \text{该步骤各成本项目的费用分配率}$$

其中“该步骤各成本项目的费用分配率”可用约当产量法、定额比例法或定额成本法等方法求得。这里仅介绍约当产量法下“份额”的计算：

$$\text{某步骤某成本项目的费用分配率} = \frac{\text{该步骤月初在产品该成本项目成本} + \text{该步骤本月该成本项目发生费用}}{\text{该步骤产品该成本项目的约当总产量}} \times 100\%$$

$$\text{某步骤产品的约当总产量} = \text{本步骤期末在产品折合成本步骤完工半成品的约当产量} + \text{以后各步骤的期末在产品折合成本步骤完工半成品的约当产量} + \text{产成品折合成本步骤完工半成品的约当产量}$$

注意：一般选择本步骤的完工半成品作为标准产品，计算约当产量。

四、平行结转分步法的优缺点

平行结转分步法的优点：

不需要逐步计算结转完工半成品成本，不需要进行成本还原，简化了成本核算工作。平行结转分步法下，各步骤各成本项目只在期末分别计算应计入产成品成本的“份额”，并同时按成本项目分别转入产成品成本计算单中的对应成本项目栏，因此不需要逐步计算结转完工半成品成本，也不需要进行成本还原，大大减少了成本核算的工作量。

平行结转分步法的缺点：

1.由于各步骤间不结转半成品成本，即实物结转、成本不结转，造成账实不符，因而不能全面反映各步骤的生产情况，不便于管理者加强车间的成本管理。

2.由于平行结转分步法下不计算半成品成本，因此不能为分析半成品成本计划的完成情况和计算半成品的销售成本提供所需的信息。

因此，平行结转分步法只适合在半成品种类较多、逐步结转半成品成本的工作量较大、管理上又不要求提供半成品成本资料的情况下采用。表9-3-1运用表格的形式对平行结转分步法与逐步结转分步法进行了简单的比较。

表9-3-1　**平行结转分步法与逐步结转分步法的比较**

项目	平行结转分步法	逐步结转分步法
费用归集	各步骤明细账只归集本步骤所发生的生产费用	各步骤明细账既包括本步骤所发生的生产费用，又包括上一步骤转入的半成品成本
各步骤间的费用结转关系	各步骤间相互不结转费用	上一步骤完工半成品成本要随着实物的转移结转到下一步骤
账实关系	成本不随实物的转移而转移，账实不符	成本随实物的转移而转移，账实相符
完工产品概念	指产成品	指完工的半成品或产成品
在产品概念	指广义的在产品	指狭义的在产品
“份额”的计算及产成品成本	各步骤只计算本步骤应计入产品成本的“份额”，然后将各步骤应计入产品成本的“份额”汇总，最后计算出完工产品成本	按产品生产过程逐步计算并结转半成品成本，最后计算出完工产品成本
成本信息	不能提供各步骤的成本信息，但能提供按原始成本项目反映的成本信息，不需要进行成本还原	能提供各步骤的成本信息，但若采用综合结转分步法，则需要进行成本还原

表 9-3-2

发料凭证汇总表

202×年 10 月

单位：元

领料部门及用途		原材料及主要材料	燃料	外购配件	低值易耗品	包装物	合计
铸造车间	生产用	85 400	24 000				109 400
	管理用	4 350	1 200		800		6 350
加工车间	生产用	12 000					12 000
	管理用	2 620			1 450	840	4 910
装配车间	生产用	28 000		16 800			44 800
	管理用	3 960			3 840	1 500	9 300
供电车间		3 850	8 500		1 200		13 550
机修车间		8 600	2 500	3 600	2 600		17 300
行政部门		4 500			3 500		8 000
合计		153 280	36 200	20 400	13 390	2 340	225 610

会计主管：　　　　审核：　　　　制表：

表 9-3-3

材料费用分配表

202×年 10 月

金额单位：元

应借科目				分配计入费用（材料、外购配件）				直接计入费用		合计
				产量	定额材料费	分配率	分配金额	低值易耗品	包装物	
生产成本	基本生产成本	铸造车间	C160							
			C168							
			小计							
		加工车间	C160							
			C168							
			小计							
		装配车间	C160							
			C168							
			小计							
	辅助生产成本	供电车间								
		机修车间								
制造费用	铸造车间									
	加工车间									
	装配车间									
管理费用										
合计										

二维码
9-3-1

答案解析

会计主管：　　　　审核：　　　　制表：

表 9-3-4

燃料费用分配表

202×年 10 月　　　　金额单位：元

应借科目				生产工时	分配率	分配金额	合计
生产成本	基本生产成本	铸造车间	C160				
			C168				
			小计				
		加工车间	C160				
			C168				
			小计				
		装配车间	C160				
			C168				
			小计				
	辅助生产成本	供电车间					
		机修车间					
制造费用	铸造车间						
	加工车间						
	装配车间						
管理费用							
合计							

会计主管：　　　　审核：　　　　制表：

二维码
9-3-2
答案解析

表 9-3-5

工资结算汇总表

202×年 10 月　　　　单位：元

车间和部门		应付工资						扣款房租	实发工资
		标准工资	奖金	副食品价格补贴	粮煤补贴	夜班津贴	合计		
铸造车间	生产工人	25 000	10 000	2 000	300	700	38 000	560	37 440
	管理人员	3 000	800	100	100	200	4 200	200	4 000
加工车间	生产工人	30 000	10 000	1 500	200	300	42 000	450	41 550
	管理人员	2 800	500	100	90	110	3 600	120	3 480
装配车间	生产工人	32 000	11 000	1 800	400	600	45 800	800	45 000
	管理人员	6 000	1 200	300	100	200	7 800	280	7 520
供电车间		1 800	500	100	80	120	2 600	100	2 500
机修车间		5 500	800	100	80	100	6 580	180	6 400
行政部门		7 400	1 200	260	100		8 960	260	8 700
合计		113 500	36 000	6 260	1 450	2 330	159 540	2 950	156 590

会计主管：　　　　审核：　　　　制表：

表 9-3-6

工资费用分配表

202×年 10 月

金额单位：元

应借科目				工资		
				生产工时	分配率	分配金额
生产成本	基本生产成本	铸造车间	C160			
			C168			
			小计			
		加工车间	C160			
			C168			
			小计			
		装配车间	C160			
			C168			
			小计			
	辅助生产成本	供电车间				
		机修车间				
制造费用	铸造车间					
	加工车间					
	装配车间					
管理费用						
合计						

会计主管： 审核： 制表：

二维码 9-3-3

答案解析

表 9-3-7

其他费用支出汇总表

202×年 10 月

单位：元

车间和部门	办公费	劳动保护费	差旅费	其他	合计
铸造车间	3 200	1 800	2 600	4 500	12 100
加工车间	1 860	1 450	1 800	2 500	7 610
装配车间	2 850	1 600	2 800	3 400	10 650
供电车间	760	260	440	460	1 920
机修车间	850	450	520	1 200	3 020
行政部门	8 680		6 850	5 500	21 030
合计	18 200	5 560	15 010	17 560	56 330

说明：假定这些费用全部用银行存款支付。

二维码 9-3-4

答案解析

表 9-3-8

固定资产折旧计算表

202×年 10 月　　　　金额单位：元

车间与部门		应计提折旧固定资产总值	月折旧率（‰）	折旧额	合 计
铸造车间	房屋	100 000	4		
	机器设备	200 000	8		
加工车间	房屋	300 000	4		
	机器设备	400 000	8		
装配车间	房屋	400 000	4		
	机器设备	300 000	8		
供电车间	房屋	150 000	4		
	机器设备	30 000	8		
机修车间	房屋	100 000	4		
	机器设备	70 000	8		
行政部门	房屋	700 000	4		
	机器设备	50 000	8		
合计		2 800 000	—		

会计主管：　　　　审核：　　　　制表：

表 9-3-9

折旧费用分配表

202×年 10 月　　　　单位：元

应借科目			金额
生产成本	辅助生产成本	供电车间	
		机修车间	
		小计	
制造费用	铸造车间		
	加工车间		
	装配车间		
管理费用			
合计			

会计主管：　　　　审核：　　　　制表：

二维码
9-3-5
答案解析

表 9-3-10

辅助生产车间提供劳务量统计表

202×年 10 月

受益部门		供电（度）	机修（小时）
铸造车间	生产用	5 000	
	管理用	200	800
加工车间	生产用	12 000	
	管理用	400	1 500
装配车间	生产用	4 000	
	管理用	400	1 800
供电车间			100
机修车间		2 000	
行政部门		1 000	
合计		25 000	4 200

表 9-3-11

辅助生产费用分配表

202×年10月

金额单位：元

项目		应分配劳务费	劳务数量	分配率	分配额																	
					供电车间		机修车间		铸造车间				加工车间				装配车间				行政部门	
									生产用		管理用		生产用		管理用		生产用		管理用			
					数量	金额	数量	金额	数量	金额	数量	金额	数量	金额	数量	金额	数量	金额	数量	金额	数量	金额
交互分配	供电车间																					
	机修车间																					
	小计																					
对外分配	供电车间																					
	机修车间																					
	小计																					

会计主管　：　　　　审核：　　　　制表：

二维码 9-3-6

答案解析

表 9-3-12

动力费用分配表

202×年 10 月　　金额单位：元

应借科目				生产工时	分配率	分配金额
生产成本	基本生产成本	铸造车间	C160			
			C168			
			小计			
		加工车间	C160			
			C168			
			小计			
		装配车间	C160			
			C168			
			小计			
合计						

会计主管：　　审核：　　制表：

二维码 9-3-7 答案解析

表 9-3-13

制造费用分配表

202×年 10 月　　金额单位：元

车　间	产品名称	生产工时	分配率	分配金额
铸造车间	C160			
	C168			
	合计			
加工车间	C160			
	C168			
	合计			
装配车间	C160			
	C168			
	合计			

会计主管：　　审核：　　制表：

二维码 9-3-8 答案解析

表 9-3-14

产量记录

产品名称：C160车床　　202×年10月　　单位：台

项目	铸造车间	加工车间	装配车间
月初在产品	2	7	3
本月投产	43	40	42
本月完工产品	40	42	40
月末在产品	5	5	5
月末在产品完工程度	60%	60%	60%

表 9-3-15

产量记录

产品名称：C168车床　　202×年10月　　单位：台

项目	铸造车间	加工车间	装配车间
月初在产品	5	8	7
本月投产	33	30	34
本月完工产品	30	34	35
月末在产品	8	4	6
月末在产品完工程度	50%	50%	50%

表 9-3-16

生产成本——基本生产成本明细账

车间名称：铸造车间

产品名称：C160车床　　单位：元

202×年		凭证字号	摘要	成本项目				贷方发生额	余额
月	日			直接材料	燃料动力	直接人工	制造费用		
9	30			23 000	4 000	10 000	7 000		44 000

表 9-3-17

生产成本——基本生产成本明细账

车间名称：加工车间

产品名称：C160车床　　单位：元

202×年		凭证字号	摘要	成本项目				贷方发生额	余额
月	日			直接材料	燃料动力	直接人工	制造费用		
9	30			3 500	1 400	8 000	6 000		18 900

表 9-3-18

生产成本——基本生产成本明细账

车间名称：装配车间

产品名称：C160 车床　　　　单位：元

202×年		凭证字号	摘要	成本项目				贷方发生额	余额
月	日			直接材料	燃料动力	直接人工	制造费用		
9	30			13 000	1 000	12 000	7 000		33 000

表 9-3-19

生产成本——基本生产成本明细账

车间名称：铸造车间

产品名称：C168 车床　　　　单位：元

202×年		凭证字号	摘要	成本项目				贷方发生额	余额
月	日			直接材料	燃料动力	直接人工	制造费用		
9	30			19 000	4 000	8 000	3 000		34 000

表 9-3-20

生产成本——基本生产成本明细账

车间名称：加工车间

产品名称：C168 车床　　　　单位：元

202×年		凭证字号	摘要	成本项目				贷方发生额	余额
月	日			直接材料	燃料动力	直接人工	制造费用		
9	30			3 000	1 000	7 000	5 000		16 000

表 9-3-21

生产成本——基本生产成本明细账

车间名称：装配车间

产品名称：C168 车床　　　　单位：元

202×年		凭证字号	摘要	成本项目				贷方发生额	余额
月	日			直接材料	燃料动力	直接人工	制造费用		
9	30			10 400	800	10 000	7 000		28 200

表 9-3-22

产品成本计算单

车间名称：

产品名称：　　　　202×年 10 月　　　　金额单位：元

项目	直接材料	燃料动力	直接人工	制造费用	合计
月初在产品成本					
本月发生生产费用					
生产费用合计					
约当产量					
分配率					
应计入产成品成本的份额					
月末在产品成本					

会计主管：　　　　审核：　　　　制表：

二维码
9-3-9
答案解析

表 9-3-23

产品成本计算单

车间名称：

产品名称：　　　　202×年 10 月　　　　金额单位：元

项目	直接材料	燃料动力	直接人工	制造费用	合计
月初在产品成本					
本月发生生产费用					
生产费用合计					
约当产量					
分配率					
应计入产成品成本的份额					
月末在产品成本					

会计主管：　　　　审核：　　　　制表：

二维码
9-3-10
答案解析

表 9-3-24

产品成本计算单

车间名称：

产品名称：　　　　202×年 10 月　　　　金额单位：元

项目	直接材料	燃料动力	直接人工	制造费用	合计
月初在产品成本					
本月发生生产费用					
生产费用合计					
约当产量					
分配率					
应计入产成品成本的份额					
月末在产品成本					

会计主管：　　　　审核：　　　　制表：

二维码
9-3-11
答案解析

表 9-3-25

产品成本计算单

车间名称：

产品名称：　　202×年 10 月　　金额单位：元

项目	直接材料	燃料动力	直接人工	制造费用	合计
月初在产品成本					
本月发生生产费用					
生产费用合计					
约当产量					
分配率					
应计入产成品成本的份额					
月末在产品成本					

会计主管：　　审核：　　制表：

二维码
9-3-12
答案解析

表 9-3-26

产品成本计算单

车间名称：

产品名称：　　202×年 10 月　　金额单位：元

项目	直接材料	燃料动力	直接人工	制造费用	合计
月初在产品成本					
本月发生生产费用					
生产费用合计					
约当产量					
分配率					
应计入产成品成本的份额					
月末在产品成本					

会计主管：　　审核：　　制表：

二维码
9-3-13
答案解析

表 9-3-27

产品成本计算单

车间名称：

产品名称：　　202×年 10 月　　金额单位：元

项目	直接材料	燃料动力	直接人工	制造费用	合计
月初在产品成本					
本月发生生产费用					
生产费用合计					
约当产量					
分配率					
应计入产成品成本的份额					
月末在产品成本					

会计主管：　　审核：　　制表：

二维码
9-3-14
答案解析

表 9-3-28

完工产品成本汇总计算表

产品名称： 202×年 10月 完工产量：

成本项目	应计入产成品成本的份额			总成本	单位成本
	铸造车间	加工车间	装配车间		
直接材料					
燃料动力					
直接人工					
制造费用					
合 计					

会计主管： 审核： 制表：

二维码 9-3-15
答案解析

表 9-3-29

完工产品成本汇总计算表

产品名称： 202×年 10月 完工产量：

成本项目	应计入产成品成本的份额			总成本	单位成本
	铸造车间	加工车间	装配车间		
直接材料					
燃料动力					
直接人工					
制造费用					
合 计					

会计主管： 审核： 制表：

二维码 9-3-16
答案解析

实训项目十　分批法

实训任务一　一般分批法

【实训目的】

通过实训使学生了解分批法的主要特点，理解其优缺点，掌握该种成本计算方法，能够依据企业的不同环境选择相应的成本计算方法，并能熟练应用分批法的基本原理和具体流程解决企业的成本核算问题，提高学生的实际动手操作能力。

【实训资料】

一、企业概况

（一）生产情况

嘉华服装厂是一家从事服装生产的小型企业，该厂根据客户的订单组织生产。该企业有一个基本生产车间，无辅助生产车间。原材料在生产开始时一次性投入，人工费用和制造费用均按生产工时比例分配。

（二）经济业务说明

1.根据成本管理要求，企业采用分批法进行产品成本核算，并按一般分批法计算产品成本。

2.产品生产过程中，各批次产品耗用的面料和辅料均为直接材料费用，并在投产时一次性投入。

3.各批次产品本月共同发生的人工费用和制造费用按工时比例分配，为简化核算，假设该厂的人工费用均为应付工资总额。

4.该企业每月发生的水电费按部门归集入账，以银行存款直接支付。

5.该厂对订单内跨月陆续完工的产品，在月末计算产品成本时，采用两种方法。对于个别完工产品，按定额成本转出，待全部完工后再重新计算完工产品的实际总成本和单位成本；对于批量完工产品，采用约当产量法分配完工产品和月末在产品的成本。

6.进行产品成本核算时，可设置“直接材料”“直接人工”“制造费用”三个成本项目。302#批次完工产品的单位定额成本为：直接材料200元，直接人工50元，制造费用14元。

二、相关资料

该企业3月份有关生产情况和产品成本计算资料如下：

1.产品生产订单情况见表10-1-1。

2.本月生产情况见表10-1-2。

3.月初在产品成本资料见表10-1-3。

4.本月各部门领料情况见表10-1-4至表10-1-12。

5.本月各部门工资费用情况见表10-1-13。

6.本月各部门固定资产计提折旧费用情况见表10-1-14。

7.本月各部门水电费用情况见表10-1-15。

【实训要求】

1.按产品批次和名称设置“生产成本——基本生产成本——103#校服”“生产成本——基本生产成本——202#厂服”“生产成本——基本生产成本——301#职业装”和“生产成本——基本生产成本——302#工作服”四个明细账，并登记月初在产品成本；按基本生产车间设置“制造费用”一个明细账。

2.根据所给的各部门领料情况，编制发料凭证汇总表和材料费用分配表（见表10-1-16、表10-1-17），并编制记账凭证，登记有关明细账。

3.根据所给资料编制“工资费用分配表”（见表10-1-18），并编制记账凭证，登记有关明细账。

4.根据固定资产计提折旧费用情况，编制固定资产折旧费用分配表（见表10-1-19）；根据各部门水电费耗用情况，编制外购水电费计算表（见表10-1-15）。根据折旧和水电费用分配表编制记账凭证，登记有关明细账。

5.根据制造费用明细账所归集的费用，按各批次产品耗用工时，编制制造费用分配表（见表10-1-20），并编制记账凭证，登记有关成本明细账。

6.根据基本生产成本明细账所归集的生产费用和有关产量记录等资料，计算各批次产品的产成品成本和期末在产品成本，编制“产品成本计算单”（见表10-1-21至表10-1-24）。

7.根据“产品成本计算单”编制“完工产品成本汇总表”（见表10-1-25），并编制记账凭证，登记有关账簿，结转完工产品成本。

【知识链接】

一、分批法的概念及适用范围

分批法是指以产品的批别为成本计算对象，按批别设置明细账（或成本计算单），分批别归集生产费用、计算产品成本的一种方法。分批法主要适用于小批、单件、管理上不要求分步计算成本的生产企业，如服装、印刷、普通饰品制造、玩具制造等行业企业。在这类企业中，由于生产多少是根据购货单位的订单组织安排的，因而按照产品批别计算产品成本，往往就是按照订单计算产品成本，所以分批法也称订单法。

二、分批法的特点

1.成本计算对象为批别，按批别设置明细账、归集生产费用、计算产品成本。

分批法的成本计算对象就是产品的批别。在按“以销定产”方式组织生产经营管理的企业，在批量适中的情况下，一般会按订单组织生产，因此会计核算上往往也按批别设置明细账、归集生产费用，按批别（订单）计算产品成本。

2.成本计算期一般与生产周期一致，与会计期间不一致。

分批法下，一般于每批产品完工后才核算成本，因此，分批法的成本计算期与每批的生产周期一致，而与会计期间不一致。但分批法下，各批产品的费用归集仍是按月进行的。

3.月末，所归集的生产费用一般不需要在完工产品与在产品之间分配。

采用分批法核算产品成本时，一般于各批次产品全部完工后才核算该批产品的单位成本和总成本，所以一般不需要在完工产品与在产品之间分配生产费用。但在现实工作中，会计一般需要按期、分月编制报表，提供成本信息。为了满足这方面的需要，即使是采用分批法，企业有时也要分期、按月核算成本，提供信息。如在产品批量较大、批内产品有跨月陆续完工交货的情况下，为了提高成本计算的准确性，及时提供成本信息，就需要将本期本批次明细账上所归集的生产费用在本期完工产品和月末在产品之间分配，以便计算出本期完工产品的成本。但为简化核算，通常的做法是先对完工产品按计划单位成本或定额单位成本，或最近一批相同产品的实际单位成本计价，从该批产品的成本明细账中转出，余额即为在产品成本。待该批产品全部完工后，再计算该批产品的实际总成本和单位成本。对前期已经转账的完工产品成本，不再作账面调整。这种分配方法的优点是核算工作简单，但分配结果不太准确。

此外，在批内产品跨月陆续完工情况较多、月末完工产品数量占批量比重较大时，也应采用适当的方法，在完工产品与月末在产品之间分配费用，计算完工产品成本和月末在产品成本。

三、批量的确定方法

在实际工作中，为了使同一批产品尽量同时完工，避免跨月陆续完工的情况，减少在完工产品与月末在产品之间分配费用的工作量，成本核算部门应与生产部门协调，在符合生产组织要求和经济效益原则的前提下，适当调整产品的每批投放量，尽量使每批产品的生产周期与会计期间一致，以减少会计核算的工作量。

调整批量的方法如下：

1.如果在一张订单中有好几种产品，且各种产品的生产工艺相差较大，这时应将订单按照产品品种划分为不同的批别，分别组织生产，分批别计算成本。

2.虽然订单中只有一种产品，但数量较大，又要求分批交货，这时应将订单按经济合理的原则划分成数批，分别组织生产，分批别核算成本。

3.如果在一张订单中只有一件产品，但该产品是大型复杂产品，价值较大，生产周期较长，如大型船舶制造，也可以按照产品的组成部分分批组织生产，分批别核算成本。

4.如果在同一时期，不同订单中有相同的产品，且各订单的件数不多，为了经济合理地组织生产，也可以将不同订单上的相同产品合为一批，组织生产，计算成本。在此情况下，分批法的成本计算对象就不再是购货单位的订单，而是企业生产计划部门签发下达的生产任务通知单。企业应对各批生产任务进行编号，即产品批号或生产令号。会计部门应根据产品批号开设产品成本明细账，按产品批号归集生产费用，核算各批号产品的成本。

四、分批法的成本核算程序

采用分批法核算产品成本，可按以下三个步骤进行：

1.产品投产时，按批号（生产令号）设置成本计算单。

如服装、玩具等生产企业，在产品投产时，生产计划部门会向生产部门下达“生产任务通知单”，并通知会计部门。会计部门根据产品的生产批号，设置成本计算单，按成本项目归集生产费用。

2.平时，按批别汇集和分配生产费用，编制各种费用汇总分配表，登记基本生产成本明细账（或成本计算单）。

3.产品完工月份，计算该批产品自开工之日起所发生的总成本和单位成本，并结转产成品成本。

表 10-1-1

生产订单表

202×年 3 月

客户单位	订单批号	产品名称	面料	数量	订货时间	交货时间
第三中学	103#	校服	化纤	300 套	1 月 11 日	3 月 4 日
成大公司	202#	厂服	化纤	100 套	2 月 26 日	4 月 10 日
市移动公司	301#	职业装	毛纺	60 套	3 月 25 日	4 月 30 日
艾丽美容院	302#	工作服	棉纺	40 套	3 月 27 日	4 月 25 日

表 10-1-2

生产情况表

202×年 3 月

订单批号	投产日期	投产量	本月实际生产工时	本月完工	在产品及完工程度
103#	1 月 13 日	300 套	300 小时	300 套	—
202#	2 月 27 日	100 套	500 小时	70 套	30 套，80%
301#	3 月 28 日	60 套	120 小时	3 套	57 套
302#	3 月 29 日	40 套	80 小时	—	40 套

表 10-1-3

月初在产品成本资料

202×年 3 月 1 日

订单批号	直接材料	直接人工	制造费用	合计	生产工时（小时）
103#	12 000	12 000	4 500	28 500	900
202#	4 500	640	410	5 550	100
合计	16 500	12 640	4 910	34 050	1 000

表 10-1-4

领　料　单

领料部门：基本生产车间

用　　途：车间领用　　　　202×年 3 月 10 日　　　　凭证编号：0301

材料类别	材料名称及规格	材料编号	计量单位	数量		计划单价（元）	金额（元）
				请领	实领		
低值易耗品	机油		升	9.75	9.75	40.00	
合计							

第二联　记账联

记账：　　　　审批人：郑慧丽　　　　领料：田玉峰　　　　发料：王长吉

表 10-1-5

领　料　单

领料部门：基本生产车间

用　　途：车间领用　　　　202×年 3 月 16 日　　　　凭证编号：0302

材料类别	材料名称及规格	材料编号	计量单位	数量		计划单价（元）	金额（元）
				请领	实领		
包装物	塑料包装袋		个	450	450	0.60	
合计							

第二联　记账联

记账：　　　　审批人：郑慧丽　　　　领料：田玉峰　　　　发料：王长吉

表 10-1-6

领　料　单

领料部门：管理部门

用　　途：厂部领用　　　　202×年 3 月 22 日　　　　凭证编号：0303

材料类别	材料名称及规格	材料编号	计量单位	数量		计划单价（元）	金额（元）
				请领	实领		
辅助材料	油漆		升	5	5	20.00	
合计							

第二联　记账联

记账：　　　　审批人：付仁升　　　　领料：范文鑫　　　　发料：王长吉

表 10-1-7

领　料　单

领料部门：基本生产车间

用　　途：301#领用　　　　202×年 3 月 28 日　　　　凭证编号：0304

材料类别	材料名称及规格	材料编号	计量单位	数量		计划单价（元）	金额（元）
				请领	实领		
面料	毛纺布		米	170	170	65.00	
合计							

第二联　记账联

记账：　　　　审批人：郑慧丽　　　　领料：田玉峰　　　　发料：王长吉

表 10-1-8

领 料 单

领料部门：基本生产车间

用　　途：301#领用　　　　202×年 3 月 28 日　　　　凭证编号：0305

材料类别	材料名称及规格	材料编号	计量单位	数量		计划单价（元）	金额（元）
				请领	实领		
辅料	里绸		米	85	85	5.00	
	兜布		米	60	60	3.00	
	胸衬		付	60	60	3.00	
合计							

第二联　记账联

记账：　　　　审批人：郑慧丽　　　　领料：田玉峰　　　　发料：王长吉

表 10-1-9

领 料 单

领料部门：基本生产车间

用　　途：301#领用　　　　202×年 3 月 28 日　　　　凭证编号：0306

材料类别	材料名称及规格	材料编号	计量单位	数量		计划单价（元）	金额（元）
				请领	实领		
辅料	拉链		个	60	60	0.5	
	扣子		个	240	240	0.5	
	缝线		个	10	10	2.5	
合计							

第二联　记账联

记账：　　　　审批人：郑慧丽　　　　领料：田玉峰　　　　发料：王长吉

表 10-1-10

领 料 单

领料部门：基本生产车间

用　　途：302#领用　　　　202×年 3 月 29 日　　　　凭证编号：0307

材料类别	材料名称及规格	材料编号	计量单位	数量		计划单价（元）	金额（元）
				请领	实领		
面料	棉纺布		米	190	190	40.00	
合计							

第二联　记账联

记账：　　　　审批人：郑慧丽　　　　领料：田玉峰　　　　发料：王长吉

表 10-1-11

领　料　单

领料部门：基本生产车间

用　　途：302#领用　　　　202×年 3 月 29 日　　　　凭证编号：0308

材料类别	材料名称及规格	材料编号	计量单位	数量		计划单价（元）	金额（元）
				请领	实领		
辅料	里绸		米	120	120	5.00	
	兜布		米	40	40	3.00	
	腰里布		米	35	35	4.00	
合计							

第二联　记账联

记账：　　　　审批人：郑慧丽　　　　领料：田玉峰　　　　发料：王长吉

表 10-1-12

领　料　单

领料部门：基本生产车间

用　　途：302#领用　　　　202×年 3 月 29 日　　　　凭证编号：0309

材料类别	材料名称及规格	材料编号	计量单位	数量		计划单价（元）	金额（元）
				请领	实领		
辅料	拉链		个	80	80	0.5	
	扣子		个	400	400	0.5	
	缝线		个	8	8	2.5	
合计							

第二联　记账联

记账：　　　　审批人：郑慧丽　　　　领料：田玉峰　　　　发料：王长吉

表 10-1-13

工资费用汇总表

202×年 3 月　　　　单位：元

部门及人员		工资总额
基本生产车间	生产工人	10 000
	管理人员	3 000
企业管理人员		7 000
合计		

会计主管：　　　　审核：　　　　制表：

表 10-1-14

固定资产折旧计提表

202×年 3 月　　　　　　　　金额单位：元

部门及固定资产类别		应提折旧原值	月折旧率	折旧额
基本生产车间	房屋及建筑物	70 000	3‰	
	机器设备	46 000	5‰	
	小计	116 000	—	
企业管理部门	房屋及建筑物	40 000	3‰	
	机器设备	14 000	5‰	
	小计	54 000	—	
合计		170 000	—	

会计主管：　　　　审核：　　　　制表：

表 10-1-15

外购水电费计算表

202×年 3 月　　　　　　　　金额单位：元

耗用部门	水费（0.5元/m^3）		电费（0.6元/度）		合计
	耗用量	金额	耗用量	金额	
基本生产车间	1 000		1 500		
企业管理部门	600		300		
合　计	1 600		1 800		

二维码 10-1-5 答案解析

会计主管：　　　　审核：　　　　制表：

表 10-1-16

发料凭证汇总表

202×年 3 月　　　　　　　　单位：元

领料部门及用途			原材料	辅助材料	低值易耗品	包装物	合计
基本生产车间	生产领用	301#职业装					
		302#工作服					
	车间领用						
管理部门领用							
合计							

二维码 10-1-1 答案解析

会计主管：　　　　审核：　　　　制表：

表 10-1-17

材料费用分配表

202×年 3 月　　　　单位：元

应贷科目 应借科目		原材料		周转材料		合计
		原料及主要材料	辅助材料	低值易耗品	包装物	
基本生产成本	301#职业装					
	302#工作服					
制造费用	基本生产车间					
管理费用						
合计						

会计主管：　　　　审核：　　　　制表：

二维码
10-1-2
答案解析

表 10-1-18

工资费用分配表

202×年 3 月　　　　金额单位：元

应借科目		应付工资				合计
		直接计入	分配计入			
总账科目	明细科目		生产工时	分配率	分配额	
基本生产成本	103#校服					
	202#厂服					
	301#职业装					
	302#工作服					
	小计					
制造费用	生产车间					
管理费用						
合计						

会计主管：　　　　审核：　　　　制表：

二维码
10-1-3
答案解析

表 10-1-19

折旧费用分配表

202×年 3 月　　　　单位：元

应借科目	计提折旧额	合计
制造费用		
管理费用		
合计		

会计主管：　　　　审核：　　　　制表：

二维码
10-1-4
答案解析

表 10-1-20

制造费用分配表

202×年 3 月　　　　金额单位：元

应借科目		生产工时	分配率	分配额
基本生产成本	103#校服			
	202#厂服			
	301#职业装			
	302#工作服			
合计				

会计主管：　　　　审核：　　　　制表：

二维码 10-1-6 答案解析

表 10-1-21

产品成本计算单

产品批号：103#　　　　投产日期：　月　日

产品名称：校服　　　　202×年 3 月　　　　完工日期：　月　日

单位：元

项目	直接材料	直接人工	制造费用	合计
月初在产品成本				
本月发生费用				
生产费用累计				
完工产品成本				
月末在产品成本				

会计主管：　　　　审核：　　　　制表：

二维码 10-1-7 答案解析

表 10-1-22

产品成本计算单

产品批号：202#　　　　投产日期：　月　日

产品名称：厂服　　　　202×年 3 月　　　　完工日期：　月　日

单位：元

项目	直接材料	直接人工	制造费用	合计
月初在产品成本				
本月发生费用				
生产费用累计				
约当总产量				
单位成本				
完工产品成本				
月末在产品成本				

会计主管：　　　　审核：　　　　制表：

二维码 10-1-8 答案解析

表 10-1-23

产品成本计算单

产品批号：301#　　　　　　　　　　　　投产日期：　月　日

产品名称：职业装　　　202×年 3 月　　　完工日期：　月　日

单位：元

项目	直接材料	直接人工	制造费用	合计
月初在产品成本				
本月发生费用				
生产费用累计				
完工产品产量				
单位定额成本				
完工产品成本				
月末在产品成本				

二维码 10-1-9

答案解析

会计主管：　　　　审核：　　　　制表：

表 10-1-24

产品成本计算单

产品批号：302#　　　　　　　　　　　　投产日期：　月　日

产品名称：工作服　　　202×年 3 月　　　完工日期：　月　日

单位：元

项目	直接材料	直接人工	制造费用	合计
月初在产品成本				
本月发生费用				
生产费用累计				
完工产品成本				
月末在产品成本				

二维码 10-1-10

答案解析

会计主管：　　　　审核：　　　　制表：

表 10-1-25

完工产品成本汇总表

202×年 3 月　　　单位：元

成本项目	103#（300套）		202#（70套）		301#（3套）	
	总成本	单位成本	总成本	单位成本	总成本	单位成本
直接材料						
直接人工						
制造费用						
合计						

二维码 10-1-11

答案解析

会计主管：　　　　审核：　　　　制表：

实训任务二　简化分批法

【实训目的】

通过实训使学生了解简化分批法的主要特点，理解其优缺点，掌握该种成本计算方法，能够依据企业的不同环境选择相应的成本计算方法，并能熟练应用简化分批法的基本原理和具体流程解决企业的成本核算问题，提高学生的实际动手操作能力。

【实训资料】

本实训仍采用实训任务一中嘉华服装厂的相关原始资料。假设202×年3月，市移动公司定制的301#职业装没有完工产品，嘉华服装厂生产的202#厂服完工70套，其加工时间为450小时。由于各批产品的材料费用是在生产开始时一次性投入的，所以跨月陆续完工产品的材料费用可按产品数量分配。假设该厂是单件小批生产企业，每月投产批数较多，采用简化分批法核算产品成本。

【实训要求】

1.根据实训任务一中的该企业订单情况、生产情况和月初在产品成本情况（见表10-1-1至表10-1-3），开设一个基本生产成本二级账和103#校服、202#厂服、301#职业装和302#工作服四批产品的“基本生产成本明细账”，并登记期初余额。

2.根据实训任务一中的表10-1-17“材料费用分配表”，填制有关记账凭证，登记基本生产成本二级账和表10-2-1至表10-2-4“产品成本计算单”中的“直接材料”项目本月发生额。

3.根据表10-1-13“工资费用汇总表”，填制有关记账凭证，登记基本生产成本二级账中的“直接人工”项目本月发生额，并根据累计工时计算累计工资费用分配率。

4.根据实训任务一中的制造费用实际发生额填制有关记账凭证，登记基本生产成本二级账中的“制造费用”项目本月发生额，并根据累计工时计算累计制造费用分配率。

5.根据累计间接费用分配率（保留三位小数），在表10-2-1至表10-2-4各批产品的产品成本计算单中，计算完工产品成本。

6.根据表10-2-1至表10-2-4“产品成本计算单”中各批完工产品成本，编制表10-2-5“完工产品成本汇总表”，据以填制记账凭证，登记基本生产成本二级账和各批产品成本明细账。

【知识链接】

一、简化分批法

所谓简化分批法，就是分批别设置基本生产成本明细账，归集各批别发生的直接计入费用；另设基本生产成本二级账，用于归集各项间接计入费用及其分配标准。待某批次完工时，再将各项间接计入费用按一定的标准分配，据以计算完工批别产品的单位成本和总成本的分批法。所以简化分批法也被称为累计间接计入费用分配法。

一般分批法下，在小批、单件生产的企业或车间中，各产品成本明细账中不仅归集了各批产品所耗用的直接费用（直接材料），而且当月发生的间接费用（除直接材料以外的费用）也全部记入了各受益对象的产品成本明细账中，而不管产品成本明细账中的产品是否已经全部完工，只要有在产品，就要计算出各批未完工的在产品成本。如果同一月份投产的产品批数很多，有几十批甚至上百批，且月末未完工的批数也较多，在这种情况下，各项间接费用如果仍采用当月分配法（即将当月发生的间接费用全部分配给各批产品），费用分配的核算工作将非常繁重。为了简化核算工作，在这类企业或车间中可采用一种简化的分批法，即累计间接计入费用分配法。每月发生的各项间接费用，不是按月在各批产品之间进行分配，而是将其先分别累计起来，待到产品完工时，再按照产品累计工时的比例，在各批完工产品之间进行分配。

二、简化分批法的账簿设置与登记方法

采用简化分批法核算产品成本，企业除按照产品批别设置产品成本明细账外，必须另设置基本生产成本二级账，用于归集企业或车间全部产品的累计生产费用和累计工时（实际工时或定额工时）。在各批产品完工之前，各批别的产品成本明细账只登记直接计入费用（如原材料）和生产工时，其他各项间接计入费用全部记入基本生产成本二级账；待某批别产品完工时，才按适当的标准计算基本生产成本二级账中各项间接计入费用的分配率，结转、登记到各完工批别的基本生产成本明细账中，计算完工批别产品的单位成本和总成本，而其他未完工产品的所有间接计入费用仍以总数的形式反映在基本生产成本二级账中。

三、简化分批法与一般分批法的区别

（一）账户设置

一般分批法一般只需要按批别设置基本生产成本明细账和制造费用明细账即可，而简化分批法除了要按批别设置基本生产成本明细账外，不再设置制造费用明细账，取而代之的是基本生产成本二级账。

（二）费用的归集和登记

一般分批法下，各项费用都是按部门和用途以谁受益谁负责原则分类归集、编制凭证登账的；而简化分批法下，除了归属对象很明确的直接费用（如直接材料）直接记入各批别的产品成本明细账外，其他各项费用均归集到基本生产成本二级账中，待以后按适当的标准分配。

（三）完工产品成本的结转

一般分批法下，一般在该批别产品完工时才计算、结转该批产品的单位成本和总成本；而简化分批法下，只要有一批产品完工，一般就要按适当的标准计算基本生产成本二级账中各项间接计入费用的分配率，分配、结转完工批别产品应负担的各项间接计入费用，计算完工批别产品的单位成本和总成本。

四、简化分批法的适用条件

1.月末，未完工产品的批数较多。

2.各月份的间接费用相差不大。

五、简化分批法的核算程序

1.平时，各项直接计入费用（如直接材料）和生产工时，按谁受益谁负责原则分别记入各批别产品的基本生产成本明细账，同时也将其记入基本生产成本二级账中的相应栏目；各项间接计入费用（包括直接人工、制造费用）和生产工时，均分别累计记入基本生产成本二级账中的相应栏目。

2.待某批产品完工后，再按一定的标准（如生产工时等）计算基本生产成本二级账中各项间接计入费用的分配率，分配、结转基本生产成本二级账中各项间接计入费用和生产工时至各完工批次的产品成本明细账中，据以计算出本期完工批别产品的单位成本和总成本。

六、简化分批法下间接计入费用的分配方法

每月发生的各项间接计入费用，不是按月在各批产品之间进行分配的，而是先将其分别累计起来，记入基本生产成本二级账，待某批产品完工时，再按照产品累计生产工时比例等标准，计算分配

率，结转完工批次应负担的各项费用。其计算公式为：

$$\text{全部产品累计间接计入费用分配率}=\frac{\text{全部产品某成本项目累计间接计入费用}}{\text{全部产品该成本项目的分配标准累计}}$$

$$\text{某批次完工产品应负担某成本项目的费用额}=\text{该批次完工产品的分配标准累计}\times\text{全部产品累计间接计入费用分配率}$$

七、简化分批法的优缺点

简化分批法的优点是，在同时开工批次比较多的情况下，可以简化费用的登记和分配核算的工作。其缺点是，在各月间接计入费用水平相差悬殊的情况下会影响各月成本的准确性。

例如，前几个月的间接计入费用水平高，本月间接计入费用水平低，而某批产品本月投产，当月完工，在这种情况下，按累计间接计入费用分配率计算的该批完工产品的成本就会发生不应有的偏高。另外，如果月末未完工产品的批数不多，也不宜采用这种方法。因为在这种情况下，月末大多数产品已经完工，绝大多数产品的批号仍然要分配登记各项间接计入费用，核算工作量减少不多。

表 10-2-1

产品成本计算单

产品批号：103#　　投产批量：300套　　投产日期：1月13日

产品名称：校服　　完工数量：300套　　完工日期：3月 4日

单位：元

202×年		摘要	直接材料	生产工时	直接人工	制造费用	合计
月	日						
2	28	月末在产品成本					
3	31	本月发生费用					
	31	生产费用累计					
	31	累计间接计入费用分配率					
	31	结转完工产品成本					
	31	月末在产品成本					

二维码
10-2-1
答案解析

表 10-2-2

产品成本计算单

产品批号：202#　　投产批量：100套　　投产日期：2月27日

产品名称：厂服　　完工数量：70套　　完工日期：　月　日

单位：元

202×年		摘要	直接材料	生产工时	直接人工	制造费用	合计
月	日						
2	28	月末在产品成本					
3	31	本月发生费用					
	31	生产费用累计					
	31	累计间接计入费用分配率					
	31	结转完工产品成本					
	31	月末在产品成本					

二维码
10-2-2
答案解析

表 10-2-3

产品成本计算单

产品批号：301#　　投产批量：60套　　投产日期：3月28日

产品名称：职业装　　完工数量：0　　完工日期：　月　日

单位：元

202×年		摘要	直接材料	生产工时	直接人工	制造费用	合计
月	日						
2	28	月末在产品成本					
3	31	本月发生费用					
	31	生产费用累计					
	31	累计间接计入费用分配率					
	31	结转完工产品成本					
	31	月末在产品成本					

二维码
10-2-3
答案解析

表 10-2-4

产品成本计算单

产品批号：302#　　　　投产批量：40套　　　　投产日期：3月29日

产品名称：工作服　　　　完工数量：0　　　　完工日期：　月　日

单位：元

202×年 月	202×年 日	摘要	直接材料	生产工时	直接人工	制造费用	合计
2	28	月末在产品成本					
3	31	本月发生费用					
	31	生产费用累计					
	31	累计间接计入费用分配率					
	31	结转完工产品成本					
	31	月末在产品成本					

二维码 10-2-4 答案解析

表 10-2-5

完工产品成本汇总表

202×年3月

单位：元

成本项目	103#校服（300套）		202#厂服（70套）	
	总成本	单位成本	总成本	单位成本
直接材料				
直接人工				
制造费用				
合计				

二维码 10-2-5 答案解析

会计主管：　　　　审核：　　　　制表：

实训项目十一　分类法

【实训目的】

通过实训使学生了解分类法的主要特点，理解其优缺点，掌握该种成本计算方法，能够依据企业的不同环境选择相应的成本计算方法，并能熟练应用分类法的基本原理和具体流程解决企业的成本核算问题，提高学生的实际动手操作能力。

【实训资料】

一、企业概况

健行鞋厂主要生产甲、乙两类产品，因为每类产品的规格较多，所以成本计算采用的是分类法。各类产品的原材料都在生产开始时一次性投入，各类产品的月末在产品均按所耗原材料成本计算（即只把原材料成本在完工产品和在产品之间进行分配，其他费用全部由完工产品负担）；各类产品中不同规格产品成本的系数计算以计划单位成本作为标准，甲类产品以31～35号作为标准产品，乙类产品以34～37号作为标准产品，其系数确定为1。

二、相关资料

该企业10月份有关生产情况和成本计算资料如下：

1.原材料定额成本资料见表11-1。

2.本月产品产量及计划单位成本见表11-2。

3.月初在产品成本及本月发生的生产费用见表11-3。

【实训要求】

1.根据表11-3“成本费用表”，设置并登记甲、乙两类产品的“基本生产成本明细账”。

2.根据表11-1“材料定额成本”和基本生产成本明细账，计算10月末甲、乙两类在产品的原材料定额成本，倒挤出完工产品成本，并编制表11-4“产品成本计算单”。

3.根据表11-2“产品产量及计划单位成本”及有关资料，编制表11-5“产品系数计算表”。

4.根据表11-4“产品成本计算单”和表11-5“产品系数计算表”及有关资料，编制表11-6和表11-7各类产品的“规格产品成本计算单”，填制记账凭证，登记有关账簿。

【知识链接】

一、分类法的概念

分类法就是以产品的类别为成本计算对象，按产品类别归集生产费用，期末，先计算各类完工产品的总成本，然后再按一定的标准将各类完工产品的总成本在同类各产品之间分配，计算出的各品种或规格产品单位成本和总成本的方法。线材、板材和管材类加工企业，在同时加工同类不同规格的多种产品时，一般采用分类法核算产品成本。

二、分类法的适用范围

分类法主要适用于同时加工多种种类相同、加工工艺相近，但规格不同的产品的企业。在这类企业中，如果以每种产品或每一规格产品作为成本计算对象，则核算工作量会非常大。为了简化成本核算工作，宜采用分类法核算。

三、分类的标准

在企业同时开工生产多品种、多规格产品的情况下，若按品种法等基本成本计算方法设置账簿、组织核算，成本核算的工作量会很大。为了简化核算，便产生了分类法。分类法的起点是对众多规格不同的产品分类。分类的要求是：在满足加工工艺、生产组织和管理要求的基础上，尽量减少成本计算工作量。因此，分类的标准是：将加工工艺相近、耗材相同，但规格不同的产品划为一类，如口径大小相近的钢管等，就可归为一类。

四、分类法的特点

1.分类法以产品的类别和品种为成本计算对象，分两次计算产品成本。分类法要求先按类别设置明细账，归集生产费用，然后在类内按适当的标准分配生产费用，计算产品成本。因此，采用分类法计算产品成本时，首先要根据产品所用原材料及加工工艺技术过程的相似程度，将产品划分为若干类，然后再按照产品的类别开设成本计算单，按类归集产品的生产费用，计算各类完工产品的成本；其次是选择合理的分配标准，在类内的各种产品之间分配费用，计算类内每种产品的单位成本和总成本。可见，分类法是以产品的类别和品种作为成本计算对象。

2.分类法核算产品成本需要与其他方法结合使用。

分类法并不是一种独立的成本计算方法，需要与其他方法结合使用。分类法是在品种法、分批法和分步法的基础上，为简化计算多规格产品的成本而采用的一种简化核算方式。

成本核算的最终目的是要提供每一种产品的单位成本和总成本。在企业同时生产多种产品的情况下，为了简化核算，可以先按耗材类型及加工工艺的相似程度分类，每一类视为一种产品，分别设置明细账，按类别归集生产费用。期末，先计算每类完工产品的总成本。然后，再按一定的标准将各类完工产品的总成本在同类各产品之间分配，计算出各品种或规格产品的单位成本和总成本。分类的目的是简化核算。它的最终目的也是计算出每种产品的单位成本和总成本。所以说，分类法并不是一种独立的成本核算方法。

分类法常与其他方法结合使用：

（1）与品种法结合使用时，即把某类产品视为某一种产品。

（2）与分批法结合使用时，即把某类产品视为某一批别产品。

（3）与分步法结合使用时，即把某类产品视为某一步骤产品。

相应的形式分别表现为：

（1）品种法下的分类法，即简单分类法，是以产品类别作为成本计算对象的。

（2）分批法下的分类法，即分批分类法，是以批内产品类别作为成本计算对象的。

（3）分步法下的分类法，即分步分类法，是以半成品类别作为成本计算对象的。

3.分类法的成本计算期应视与其结合使用的基本成本计算方法而定。

如果是与品种法或分步法结合进行成本计算，则一般于每月月末定期计算产品成本，因此，成本计算期一般与会计期间一致；如果分类法与分批法结合使用，则一般会在每批产品完工时才进行成本核算，因此，产品成本的计算期一般与生产周期一致。

五、分类法的核算程序

1.平时，首先根据产品的性质、结构、所用原材料及工艺流程等的相似程度，按经济、高效原则（生产安排上），将产品划分为不同的类别，按类别开设成本计算单，按类归集生产费用。

2.期末，先将每类产品的费用总额在该类完工产品和在产品之间分配，计算出各类产品中完工产品的成本和在产品成本。

3.选择合理的分配方法，在类内完工产品的各品种之间分配生产费用（通常使用系数法），据以计算出每种产品的单位成本和总成本。

六、分类法的计算公式

$$\text{折合系数}=\frac{\text{某规格产品的折合标准}}{\text{标准产品的折合标准}}$$

$$\text{类内产品的总系数}=\sum(\text{类内某规格产品的实际产量}\times\text{该产品的折合系数})$$

$$\text{分配率}=\frac{\text{该类完工产品本期的实际总成本（即总费用）}}{\text{类内产品的总系数（即“标准产品”的总产量或约当总产量）}}$$

$$\text{类内某种产品的实际成本}=\text{该种产品总系数}\times\text{分配率}$$

表 11-1

材料定额成本

202×年 10 月

产品类别	单位产品平均材料消耗定额		计划单价（元/平方英尺）	单位产品材料定额成本（元）
	材料名称编号	数量（平方英尺）		
甲类	磨砂牛皮	0.5	20	10
乙类	全粒面印花牛皮	0.6	25	15

表 11-2

产品产量及计划单位成本

202×年 10 月

产品类别	产品规格	产品数量（双）		计划单位成本（元/双）
		完工产品	月末在产品	
甲类	26～30 号	2 000		13.5
	31～35 号	5 000		15
	36～40 号	4 000		16.5
	41～45 号	3 000		18
	合计	14 000	2 000	
乙类	26～29 号	2 500		16
	30～33 号	3 000		18
	34～37 号	3 500		20
	38～41 号	4 000		22
	合计	13 000	3 600	

表 11-3

成本费用表

202×年 10 月

单位：元

产品类别	月初在产品材料定额成本	本月发生费用			
		直接材料	直接人工	制造费用	合计
甲类	2 800	184 800	22 000	17 600	224 400
乙类	9 000	230 000	30 000	24 400	284 400

表 11-4

产品成本计算单

202×年 10 月

金额单位：元

产品类别	成本项目	生产费用合计	在产品数量（双）	在产品单位定额成本	在产品定额总成本	完工产品成本
甲类	直接材料					
	直接人工					
	制造费用					
	合计					
乙类	直接材料					
	直接人工					
	制造费用					
	合计					

二维码 11-1

答案解析

表 11-5

产品系数计算表

202×年 10 月

产品类别	产品规格	计划单位成本（元）	系数
甲类	26 ~ 30 号		
	31 ~ 35 号		
	36 ~ 40 号		
	41 ~ 45 号		
乙类	26 ~ 29 号		
	30 ~ 33 号		
	34 ~ 37 号		
	38 ~ 41 号		

二维码 11-2

答案解析

表 11-6

规格产品成本计算单

产品类别：甲类

202×年 10 月

金额单位：元

产品规格	产量（双）	系数	折合标准产量	完工产品总成本	单位标准产品成本	各规格产品总成本	各产品单位成本
	1	2	3=1×2	4	5=4÷3	6=3×5	7=6÷1
合计							

二维码 11-3

答案解析

表 11-7

规格产品成本计算单

产品类别：乙类

202×年 10 月

金额单位：元

产品规格	产量（双）	系数	折合标准产量	完工产品总成本	单位标准产品成本	各规格产品总成本	各产品单位成本
	1	2	3=1×2	4	5=4÷3	6=3×5	7=6÷1
合计							

二维码
11-4

答案解析

实训项目十二　编制成本报表

【实训目的】

通过实训使学生了解成本报表的编制依据，熟悉成本报表编制的要求和编制程序。掌握商品产品成本表、主要产品单位成本表的编制方法，掌握制造费用明细表等主要成本报表的编制方法。

【实训资料】

一、企业概况

宏源轻工机械厂202×年8月生产B10、B20和B30三种产品。其中B10产品和B20产品为可比产品，B30产品为不可比产品；可比产品成本全年计划降低率为8%；B10产品销售单价为500元，B20产品销售单价为450元，B30产品销售单价为550元。

二、相关资料

宏源轻工机械厂有关生产情况和成本资料如下：

1.产品单位成本资料见表12-1。

2.制造费用资料见表12-2。

3.202×年1—7月份各产品的累计产量及成本资料见表12-3。

4.202×年1—7月份实际制造费用资料见表12-4。

5.202×年8月份各产品产量及成本资料见表12-5。

6.202×年8月份实际制造费用资料见表12-6。

【实训要求】

1.根据资料一和表12-1“产品单位成本表”，编制B10、B20和B30三种产品的“主要产品单位成本表”，见表12-7至表12-9。

2.根据表12-4和表12-6，编制表12-10“制造费用明细表”。

3.根据表12-1“产品单位成本表”、表12-3“产品累计产量及成本资料”及表12-5“产品产量及成本资料”，编制表12-11“商品产品成本表”。

【知识链接】

一、成本报表的概念

成本报表是根据日常成本核算资料定期编制的、用以反映企业一定时期产品成本水平、考核产品成本计划和生产费用预算执行情况的书面报告。

成本报表是向企业经营管理者提供成本信息的内部管理会计报表。通过编制和分析成本报表，可以考核企业成本计划和费用预算的执行情况，为企业决策管理提供成本信息资料。编制和分析成本报表是成本会计工作的重要内容。

二、成本报表的种类

成本报表作为企业内部报表，其格式、编报时间、报送对象等都由企业根据自身的生产经营特点和企业管理要求而定。

成本报表按其所反映的经济内容不同，可以分为：

（一）反映生产经营情况的报表

反映生产经营情况的报表主要有“生产情况表”“材料耗用表”“材料差异分析表”等。这些报表主要用于反映影响产品生产成本各因素及其变化情况。

（二）反映费用支出情况的报表

反映费用支出情况的报表主要有“财务费用明细表”“管理费用明细表”“销售费用明细表”等。这些报表主要用于反映企业在一定时期内费用支出情况及其变化情况。它为企业管理部门了解费用支出的合理程度和变动趋势，正确制定费用预算，考核、评价各项消耗及支出的执行情况，明确各有关部门、人员的经济责任提供了依据。

（三）反映成本计划执行情况的报表

反映成本计划执行情况的报表主要有“商品产品成本表”“主要产品单位成本表”“制造费用明细表”等。这些报表综合地反映了企业的实际成本水平，揭示了企业为生产一定产品所付出的成本是否达到了预定的要求。分析时，可将报告期实际成本水平与计划成本水平、历史成本水平以及同行业成本水平进行比较，揭示成本管理工作的实际成效，并为深入进行成本分析、挖掘成本降低潜力提供依据。

此外，成本报表还可以按编制的时间不同划分为日报、周报、旬报、月报、季报、年报。若按是否定期编制，还可分为定期成本报表和不定期成本报表两种。

三、成本报表的编制方法

（一）商品产品成本报表的编制方法

1.实际产量项目：应根据成本计算单或产品成本明细账的记录计算填列。

2.单位成本项目：

（1）上年实际平均：根据上年度本表所列各种可比产品的全年实际平均单位成本填列；

（2）本年计划：根据本年度成本计划的有关数字填列；

（3）本月实际和本年累计实际平均：根据成本计算单按下列公式计算填列。

某产品本月实际单位成本 = 本月实际总成本÷本月实际总产量

某产品本年累计实际平均单位成本 = 本年累计实际总成本÷本年累计实际总产量

3.本月总成本项目和本年累计总成本项目：分别按表中的提示计算填列。

（二）主要产品单位成本报表的编制方法

1.基本部分的产品名称、规格、计量单位、产量，根据有关产品成本计算单填列。

2.各项目的数字：各项目的历史先进水平的数字，根据企业的成本历史资料填列；各项目上年实际平均单位成本的数字，根据上年度的成本资料填列；各项目的本年计划单位成本的数字，根据本年计划资料填列；各项目的本期实际单位成本的数字，根据实际成本资料填列；各项目的本年累计实际平均单位成本的数字，根据本年各项目总成本除以累计产量后的结果填列。

（三）制造费用明细表的编制方法

1.本年计划数：根据本年制造费用计划填列。

2.上年实际数：根据本表上年同期的本月实际数填列。

3.本月实际数：根据制造费用总账所属各基本生产车间制造费用明细账的本月合计汇总填列。

4.本年累计实际数：根据上述制造费用明细账本月末的累计数汇总计算填列。

表 12-1

产品单位成本表

单位：元

成本项目	历史先进水平		上年实际平均		本年计划		
	B10	B20	B10	B20	B10	B20	B30
直接材料	312	254	325	280	320	270	350
直接人工	54	46	62	57	56	50	86
制造费用	63	45	70	53	67	48	64
合计	429	345	457	390	443	368	500

表 12-2

制造费用资料

单位：元

费用项目	本年各月计划	上年同期实际
人工费	912	855
办公费	1 200	1 100
折旧费	4 300	4 000
修理费	1 360	1 240
运输费	1 700	1 580
租赁费	600	450
保险费	800	700
水电费	500	400
劳动保护费	400	300
机物料消耗	210	180
其他	153	127
合计	12 135	10 932

表 12-3

产品累计产量及成本资料

202×年 1—7 月

金额单位：元

成本项目	B10 累计产量 240 台		B20 累计产量 200 台		B30 累计产量 80 台	
	累计总成本	平均单位成本*	累计总成本	平均单位成本*	累计总成本	平均单位成本*
直接材料	77 031	320.96	52 860	264.30	23 321	291.51
直接人工	13 302	55.43	10 895	54.48	11 618	145.23
制造费用	12 147	50.61	6 445	32.22	6 341	79.26
合计	102 480	427	70 200	351	41 280	516

*含尾数调整。

表 12-4

制造费用累计发生额

202×年 1—7月

单位：元

费用项目	金额
人工费	7 752
办公费	10 000
折旧费	34 960
修理费	10 560
运输费	12 800
租赁费	5 600
保险费	6 720
水电费	3 960
劳动保护费	3 680
机物料消耗	1 840
其他	960
合计	98 832

表 12-5

产品产量及成本资料

202×年 8月

金额单位：元

成本项目	B10实际产量30台		B20实际产量25台		B30实际产量10台	
	总成本	单位成本	总成本	单位成本	总成本	单位成本
直接材料	9 240	308	6 350	254	2 800	280
直接人工	1 380	46	1 175	47	1 500	150
制造费用	1 830	61	975	39	800	80
合计	12 450	415	8 500	340	5 100	510

表 12-6

制造费用发生额

202×年 8 月

单位：元

费用项目	金额
人工费	969
办公费	1 200
折旧费	4 350
修理费	1 380
运输费	1 500
租赁费	650
保险费	820
水电费	500
劳动保护费	430
机物料消耗	220
其他	170
合计	12 189

表 12-7

主要产品单位成本表

产品名称：B10

202×年 8 月

售价：　元

本月产量：

本年累计实际产量　　台

单位：元

成本项目	历史先进水平	上年实际平均	本年计划	本月实际	本年累计实际平均
直接材料					
直接人工					
制造费用					
合计					

二维码 12-1

答案解析

表 12-8

主要产品单位成本表

产品名称：B20

202×年 8 月

售价：　元

本月产量：

本年累计实际产量　　台

单位：元

成本项目	历史先进水平	上年实际平均	本年计划	本月实际	本年累计实际平均
直接材料					
直接人工					
制造费用					
合计					

二维码 12-2

答案解析

表 12-9

主要产品单位成本表

产品名称：B30　　　　202×年 8 月　　　　售价：　元

本月产量：　　　　本年累计实际产量　　台　　　　单位：元

成本项目	历史先进水平	上年实际平均	本年计划	本月实际	本年累计实际平均
直接材料					
直接人工					
制造费用					
合计					

二维码
12-3
答案解析

表 12-10

制造费用明细表

202×年 8 月

单位：元

费用项目	行次	本年各月计划	上年同期实际	本月实际	本年累计实际
人工费	1				
办公费	2				
折旧费	3				
修理费	4				
运输费	5				
租赁费	6				
保险费	7				
水电费	8				
劳动保护费	9				
机物料消耗	10				
其他	11				
合计					

二维码
12-4
答案解析

表 12-11

商品产品成本表

202×年 8 月

编制单位：宏源轻工机械厂　　　　金额单位：元

产品名称	规格	计量单位	实际产量		单位成本				本月总成本			本年累计总成本		
			本月	本年累计	上年实际平均	本年计划	本月实际	本年累计实际平均	按上年实际平均单位成本计算	按本年计划单位成本计算	本月实际	按上年实际平均单位成本计算	按本年计划单位成本计算	本年实际
			1	2	3	4	5=9÷1	6=12÷2	7=1×3	8=1×4	9	10=2×3	11=2×4	12
可比产品合计														
其中：B10														
B20														
不可比产品合计														
其中：B30														
全部商品产品制造成本														

补充资料（本年实际累计数）：

1. 可比产品成本降低额为：

2. 可比产品成本降低率为：

二维码 12-5

答案解析